Spaßiges Konzentrationstraining für Schulkinder

Die 80 lustigsten und effektivsten Übungen und Spiele, um die Konzentrationsfähigkeit Ihres Grundschulkindes immens zu steigern

Clarissa Schlick

Inhalt

Vorwort

„Ist es nicht toll, wie die Kinder miteinander spielen?“, sagt ein anderes Elternteil in vertraulichem Ton zu Ihnen. Sie sitzen gemeinsam auf einer Bank des Spielplatzes, auf dessen einladender Fläche voll mit Klettergerüsten, Schaukeln und Sandkästen sich viele Kinder vergnügen. Und tatsächlich, Sie können die freudige Faszination ihres Sitznachbarn teilen. Die Kinder scheinen gerade in eine Piratenfantasie eingetaucht zu sein. Mit imaginären Schwertern kämpfen sie um einen ebenso imaginären Schatz, der in einer verborgenen Sandgrube vergaben ist. Die Kleinen sind so in ihr Spiel vertieft, dass sie gar nicht mitbekommen, wenn ein Vater oder eine Mutter sie ruft. Sie konzentrieren sich nur auf ihre Spielgefährten und die Fantasiewelt, die sie sich gerade erschaffen.

Konzentrieren ist hierbei das Stichwort. „Wenn mein Kind doch nur auch bei den Hausaufgaben so bei der Sache wäre!“, denken Sie sich in dieser Situation wahrscheinlich. Auf dem Spielplatz sind kreative Spiele und Ablenkung willkommen, aber geht es um wichtige Aufgaben für die Schule, scheint jede Konzentrationsfähigkeit Ihres Kindes verloren. Sie bitten und betteln, machen verlockende Belohnungsangebote oder verlieren zwangsläufig die Geduld und drohen mit Hausarrest oder Fernsehverbot. Kurzfristig zeigen solche Maßnahmen vielleicht Wirkung, doch auf Dauer helfen sie nur wenig. Anstatt sich mit den Hausaufgaben zu beschäftigen, kritzelt Ihr Kind lieber auf einem Blatt Papier herum, spielt mit jedem gerade in der Nähe liegenden Gegenstand oder stellt Fragen zu Dingen, die absolut nichts mit den Schulaufgaben zu tun haben.

Wenn Sie dieser Umstand frustriert, ist das ganz normal. Natürlich wollen Sie nur das Beste für Ihr Kind und das schließt nun einmal mit ein, dass es eine gute Schulkarriere hinlegt. Die Weichen für eine Zukunft, in der sich Ihr Kind mit Leichtigkeit weiterentwickelt und viel für sich lernt, werden schon in jungem Alter gestellt. Wenn Sie wissen möchten, wie Sie die Konzentrationsfähigkeit Ihres Kindes spielerisch verbessern können, ist dieses Buch genau das Richtige für Sie. Leicht verständlich wird Ihnen erklärt, was Konzentration überhaupt ist, wovon sie abhängt, wie sie sich entwickelt und wie Sie mit Konzentrationsproblemen umgehen sollten. Danach folgt eine Bandbreite an kreativen Übungen und Spielen, welche in den verschiedensten Alltagssituationen mit Ihrem Kind durchgeführt werden können. Dazu gibt es immer wieder Tipps und Tricks für die Stärkung der Konzentrationsfähigkeit, die ganz leicht in den Tagesablauf integriert werden können. Ihr Kind ist es wert, dass Sie sich mit seinem Verhalten und seinen Fähigkeiten auseinandersetzen. Dieses Buch wird Ihnen dabei helfen, seine Lebensqualität erheblich zu steigern. Und nun: Viel Spaß beim Lesen und Ausprobieren!

Alles, was Sie über die Konzentration von Kindern wissen müssen

WAS IST KONZENTRATION ÜBERHAUPT?

Wir starten mit der Definition von Konzentration. Worum handelt es sich dabei überhaupt?

Grundsätzlich beschreibt Konzentration die Fähigkeit, die eigene Aufmerksamkeit ganz auf eine Sache zu richten. Das Wort wird aus dem Lateinischen *concentra* abgeleitet, was so viel bedeutet wie „zusammen zum Mittelpunkt". Eine passende Beschreibung – beim Konzentrieren fokussiert sich eine Person willentlich auf das Erreichen eines Ziels, auf das Lösen einer Aufgabe, auf ein bestimmtes Ereignis oder eine bestimmte Tätigkeit. Meist sind alle Sinne auf diese eine Sache ausgerichtet und alles andere wird für den Moment ausgeblendet.

Schon sehr kleine Kinder können sich auf Dinge vor sich konzentrieren. Besonders deutlich wird das beim Spielen, in ähnlichen Situationen wie der auf dem Spielplatz. Wenn Kinder sich nicht nur auf sich selbst oder andere Kinder, sondern auf Gegenstände konzentrieren – den Fernseher beispielsweise, ein Spielzeug, ein Tier, ein Hörspiel oder Ähnliches – sind sie meist ganz in einer anderen Welt und vergessen alles um sich herum. Dann können Sie noch so laut rufen, dass das Essen fertig ist; Ihr

Kind wird sie nicht hören, und wenn doch, wird es Ihre Stimme höchstens als weit entferntes Nebengeräusch wahrnehmen.

VON WELCHEN FAKTOREN HÄNGT DIE KONZENTRATION AB?

Einflussfaktoren von Konzentrationsfähigkeit stehen in Wechselwirkung zueinander. Sehr wichtig sind die Situation und der emotionale Zustand des Kindes innerhalb dieser Situation. Wie bei Erwachsenen fällt dem Kind das Konzentrieren leichter, wenn es sich in einem positiven emotionalen Zustand befindet. Ist es schlecht gelaunt, wird es schwierig, sich voll auf eine Aufgabe zu konzentrieren. Da Kinder bekanntlich einige Stimmungswechsel am Tag haben, manchmal mehrere in der Stunde, fällt es leicht zu erkennen, was das Konzentrieren schwer macht.

Unabhängig von der Situation spielt die Sache an sich eine große Rolle. Ähnlich wie beim emotionalen Zustand kann sich das Kind besser konzentrieren, wenn es sich mit etwas beschäftigt, dass bei ihm positive Emotionen hervorruft. Eine spaßige Hausaufgabe, bei der Ihr Kind etwas malen oder sehr kreativ sein muss, wird höchstwahrscheinlich schnell und ohne Murren erledigt. Scheint die Aufgabe kräftezehrend oder langweilig, sinkt die Konzentrationsfähigkeit. Zugegeben, die meisten von uns beschäftigen sich wohl lieber mit Dingen, die Spaß machen, als mit solchen, die uns unnötig und quälend erscheinen.

Dazu kommt, dass Kinder unterschiedliche Persönlichkeiten und Vorlieben haben. Während ein Kind Freude am logischen Denken und Rechnen hat, kann ein anderes damit gar nichts anfangen und möchte lieber malen oder schreiben. Wenn ein Kind mit einer Aufgabe Schwierigkeiten hat, sie also nicht versteht und auch nicht versteht, wieso die Aufgabe sinnvoll ist, fühlt es sich schnell verunsichert und wird unruhig. Liegt ihm aber ein bestimmter Aufgabenbereich und kann es das Geforderte mit Leichtigkeit erfüllen, fühlt es sich automatisch selbstsicher und stolz. Dann fällt das Konzentrieren auch einfacher, da nicht ganz so viel Denkaufwand betrieben werden muss, wie bei einer schwierigen Aufgabe.

Hinzu kommen weitere äußere Bedingungen. Wenn gerade viel um das Kind herum passiert und es einige Ablenkungsmöglichkeiten gibt, die viel spannender sind als die zu erfüllende Aufgabe, sinkt die Konzentrationsfähigkeit ebenfalls. Das gleiche passiert, wenn sich das Kind in einem physischen Zustand der Not befindet, wenn es also Hunger oder Durst hat, müde ist oder auf die Toilette muss.

Wissen Sie, welche Faktoren die Konzentrationsfähigkeit Ihres Kindes am meisten beeinflussen? Vielleicht haben Sie schon eine Vermutung. Falls nicht, beobachten Sie Ihr Kind einmal in einer Situation, in der es sich konzentrieren muss. Wie verhält es sich, wenn es am Tisch sitzt und die Hausaufgaben vor sich liegen hat? Wie lange konzentriert es sich, wann und wieso lässt es sich ablenken? Wenn es keine Möglichkeiten zur Ablenkung gibt, fängt es an zu träumen und in die Gegend zu starren? Passiert das öfter oder nur bei einer bestimmten Art von Hausaufgabe? Dieses Beobachten wird Ihnen dabei helfen, das Verhaltensmuster des Kindes zu verstehen und Ihr eigenes Handeln darauf abzustimmen.

WIE LANGE KÖNNEN SICH KINDER JE NACH ALTER KONZENTRIEREN?

Nicht einmal Erwachsene können sich dauerhaft konzentrieren. Irgendwann kommt immer ein Punkt, an dem die Konzentrationsfähigkeit nachlässt und es immer anstrengender wird, bei der Sache zu bleiben. Die Dauer einer durchgängigen Konzentrationsperiode ist nicht nur von den eben genannten Einflüssen abhängig, sondern auch vom Alter des Kindes.

Ein wichtiger Faktor ist nämlich die Energie. Wie später noch genauer erläutert wird, muss das Kind einiges an Energie aufbringen, um über eine Zeitspanne konzentriert zu bleiben. Denn das Konzentrieren ist ein aktiver Prozess, der vom Kind willentlich gesteuert werden muss. Im Gegensatz dazu sind Aktivitäten wie Schlafen oder Träumen unbewusst gesteuerte Prozesse.

Kinder im Alter von 5 bis 7 Jahren können sich im Schnitt bis zu 15 Minuten am Stück konzentrieren, Kinder im Alter von 7 bis 10 etwa 20 Minuten. Bei Kindern im Alter von 10 bis 12 Jahren sind es 25 Minuten und bei jenen von 12 bis 16 sind es 30 Minuten. Das mag erst einmal nach wenig klingen, ist aber leicht erklärt. Ihr Kind kann sich vielleicht stundenlang mit dem Fernseher oder einem Spielzeug beschäftigen, dabei ist seine Konzentrationsfähigkeit aber keine gerade Linie, sondern steigt und fällt immer wieder. Für ein paar Minuten ist das Kind voll mit der Serie beschäftigt, die es schaut, dann fängt es an, mit einem Gegenstand vor sich zu spielen.

Wenn mehrere Kinder miteinander in ein Fantasiespiel vertieft sind, wird auch das nicht ewig anhalten. Der Abfall an Konzentration ist von außen nicht ersichtlich, doch die Kinder tauschen Rollen, denken sich neue, ganz andere Sachen aus, beschäftigen sich mit einem anderen Gerät auf dem Spielplatz oder träumen zwischenzeitlich allein vor sich hin.

In der Schule oder zuhause bei den Hausaufgaben gibt es vorbestimmte Zeitrahmen, die einen Verlauf vorgeben. Deswegen lässt sich das Steigen und Fallen der Konzentrationskurve besser nachvollziehen. Außerdem sind die Kinder hier meist unter genauerer Beobachtung als auf dem Pausenhof oder dem Spielplatz.

Apropos Schule: Ihnen wird nicht entgangen sein, dass die Taktung der Schule nicht an diese Konzentrationsfähigkeit der Kinder angepasst ist. Tatsächlich passt sie eher zu der eines Erwachsenen, dieser kann sich nämlich ganze 90 Minuten am Stück konzentrieren. Die Konzentrationsspanne der Erwachsenen ist demnach eher ein kontraproduktiver Standard, anhand dessen die von Kindern gemessen wird. Wie alle Fähigkeiten des Lebens muss sich die Konzentrationsfähigkeit beim Kind erst richtig ausbilden. Es braucht einige Jahre Übung, bis das lange Konzentrieren keine Schwierigkeit mehr bedeutet. Wenn Sie überprüfen wollen, ob die Konzentrationsspanne Ihres Kindes im Durchschnitt liegt, beobachten Sie es beim Spielen oder beim Erledigen der Hausaufgaben und schauen dabei auf die Uhr. Machen Sie dies ein paar Mal, bis Sie einen ungefähren Zeitrahmen haben, nach dem Ihr Kind unruhig wird.

WIE KÖNNEN KINDER SICH AM BESTEN KONZENTRIEREN?

Nun stellt sich die Frage, wie Kinder am besten zur Konzentration kommen. Es lassen sich zwar generelle Durchschnittswerte für die Konzentrationsfähigkeit gewisser Altersstufen feststellen, doch am Ende ist jedes Kind ein Individuum und fokussiert sich anders als andere.

Was bei allen Kindern gleich ist: Sie brauchen Energie, um sich zu konzentrieren, und ist die einmal aufgebraucht, muss erst neue getankt werden. Die Energie benötigen Kinder vor allem in Form von Sauerstoff und Flüssigkeit. Ausgiebiges Durchlüften und ein Schluck kühles Mineralwasser können schon Wunder bewirken und das Kind neu motivieren. Ebenso wichtig ist ausreichend Bewegung. Wer lange am Tisch sitzt und mit dem Kopf über schwierigen Hausaufgaben hängt, bekommt von seinem Körper bald das Signal, dass er sich bewegen muss. Wenn sich das Kind bewegt, atmet es schneller und nimmt mehr wichtigen Sauerstoff auf. Gleichzeitig wird der Stoffwechsel angeregt und das Gehirn schnauft sozusagen durch. Alle Glieder werden ausreichend durchblutet, bis Trägheit und Müdigkeit aus dem Organismus geschüttelt wurden. Das Denkzentrum hat kurz Pause.

Ihr Kind sollte auf die Signale seines Körpers hören dürfen. Es wird selbst unterbewusst merken, wann es sich bewegen und neue Energie tanken muss. Dann wird es aufstehen und um etwas zu trinken bitten oder einfach nur im Raum rumlaufen, während es kurz die Hausaufgaben vergisst. Das passiert automatisch. Wie viel Bewegung das Kind braucht ist unterschiedlich. An manchen Tagen wird es in der Lage sein, über einen längeren Zeitraum an den Aufgaben zu sitzen, an anderen möchte es alle 10 Minuten aufstehen und eine Runde drehen. Versuchen Sie herauszufinden, bei welchen Tätigkeiten und zu welchen Zeiträumen Ihr Kind einen starken Bewegungsdrang hat. Manchmal ist es auch nur ein kurzes Dehnen und Strecken, das den Körper wieder ins Gleichgewicht bringt.

Bewegungsübungen, wie sie später im Buch noch näher erklärt werden, eignen sich super für eine kraftspendende Pause nach langem Konzentrieren. Diese Pausen dürfen auf keinen Fall ausgelassen werden, wenn das Kind etwas länger mit den Hausaufgaben braucht.

WIE FUNKTIONIERT KONZENTRATION?

Wie kommt Konzentration an sich eigentlich zustande? Wie am Anfang erklärt, wird beim Konzentrieren die Aufmerksamkeit auf eine Sache ausgerichtet. Die Ausrichtung der Aufmerksamkeit funktioniert am besten, wenn so viele Umweltreize wie möglich ausgeblendet werden. Das können akustische Ablenkungen sein wie Stimmen aus dem Radio, ein klingelndes Telefon, Straßenlärm oder spielende Kinder, oder visuelle Ablenkungen wie ein Fernseher, andere im Zimmer arbeitende Menschen, ein Fenster oder Spielzeug auf dem Tisch.

Nicht nur äußere, sondern auch innere Ablenkungen müssen zur Seite gedrängt werden, wenn sich das Kind voll konzentrieren will. Das können Ängste oder unangenehme Gedanken sein,

Ärger mit Freunden oder den Eltern, Furcht vorm Scheitern oder innerliche Anspannung. Manchmal ist es schwerer, solche innerlichen Gefühle auszublenden; als äußere Einflüsse.

Dass äußere und innere Ablenkungen den Menschen konstant beeinflussen, lässt sich nicht verhindern, weswegen das limbische System im Gehirn als Filter fungiert. Stellen Sie sich vor, sie warten kurz vor Schulschluss vor dem Tor der Schule auf Ihr Kind. Die Glocke läutet und viele Kinder strömen aus dem Gebäude, Sie konzentrieren sich aber auf die Lehrerin vor sich, mit der Sie sich gerade unterhalten. Sie blenden die an Ihnen vorbeilaufenden Kinder aus, da Sie auf das Gesicht und die Worte Ihrer Gesprächspartnerin fokussiert sind. Doch auf einmal entdecken Sie Ihr eigenes Kind in der Menge und winken, damit es Sie sieht. Obwohl Sie sich unterhalten und die Lehrerin angesehen haben, haben Sie gleichzeitig auf die Menge um sich geachtet. Dabei hat der Filter in Ihrem Gehirn den Anblick der Kinder nicht bis in Ihr Bewusstsein dringen lassen. Der visuelle Reiz wurde erst durchgelassen, als Sie das bekannte Gesicht Ihres Kindes erblickt haben. Ihr Gehirn war also aktiv, obwohl es die visuellen Reize der Menschen um Sie herum unterdrückt hat. Denn diese waren für das Gespräch mit der Lehrerin nicht wichtig.

Obwohl diese Situation so alltäglich erscheint, ist die Reizselektion als aktive Steuerung ein komplexer Prozess. Als Erwachsene funktionieren unsere Filter im Kopf sehr gut, Kinder müssen sie sich erst aneignen, weil die Fähigkeit der Selektion von Reizen noch nicht ausgebildet ist. Reize, die in einem Moment nicht gebraucht werden, können sie noch nicht so gut unterdrücken wie Erwachsene. Das führt dazu, dass sich Kinder leichter und schneller ablenken lassen. Je mehr unterschiedliche Reize in einer Umgebung auf das Kind einprasseln, desto schwieriger fällt es ihm, den Fokus auf nur eine Sache zu lenken. Die Lernumgebung Ihres Kindes sollte deswegen von Ruhe geprägt sein. Befindet sich Ihr Kind beim Erledigen der Hausaufgaben in der Küche, sollte nicht gleichzeitig die Spülmaschine laufen. Lernt es im Kinderzimmer, sollte es nicht von Geschwistern abgelenkt werden. Versuchen Sie zudem, innerer Unruhe des Kindes entgegenzuwirken. Werden Sie nicht wütend, wenn es nach der dritten Erklärung noch immer Probleme mit einer Aufgabe hat. Reden Sie mit ihm über Dinge, die es gerade beschäftigen, und loben Sie es, wenn es sich für eine lange Zeitperiode konzentriert hat. Das trägt maßgeblich zur weiteren Konzentrationsbildung bei.

Wie Sie ein Vorbild in Sachen Konzentration werden

Kinder können in allem und jedem ein Vorbild finden. In den eigenen Eltern, in Charakteren aus dem Fernseher, einem Mitschüler oder einer Märchenfigur. Vorbilder sind etwas Fantastisches, denn sie können Kinder dazu motivieren, sich Hürden zu stellen und Herausforderungen in Angriff zu nehmen. Bestenfalls sind die gewählten Idole Figuren, die mit gutem Beispiel vorangehen und aufzeigen, wie das Kind mit schwierigen Situationen umgehen kann.

Kinder lernen hauptsächlich über Wiederholung und Nachahmung. Ihre Eltern sind die erste Orientierungshilfe in der Welt und tragen maßgeblich zum Verhalten der Kinder bei. Die Kleinen sind schon früh sehr aufmerksam, und auch, wenn sie nicht alles verstehen, was um sie herum passiert, haben sie ein gutes Gespür für die Handlungen anderer. Sie merken sich Verhaltensweisen und ahmen diese wie automatisch nach. Eltern sollten sich diesem Umstand und ihrer eigenen Rolle bewusst sein, ihr eigenes Verhalten also immer wieder reflektieren.

Denn ob bewusst oder unbewusst, Sie sind für die Kinder immer ein Vorbild. Auch, wenn diese in der Schule viel fürs Leben lernen, bleiben Sie die Hauptorientierung. Von Ihnen sollten sie lernen, wie man respektvoll mit anderen umgeht und wie wichtig Optimismus, Toleranz, Dankbarkeit, Hilfsbereitschaft, Aufmerksamkeit und viele weitere Charaktereigenschaften sind.

Wer sich selbst nicht an Regeln und Gesetze hält, oft aus der Haut fährt, keine Verantwortung übernimmt oder nur an sich selbst denkt, kann von seinen Kindern kaum erwarten, dass sie sich anders verhalten. Die gewünschten Handlungsweisen sollten Sie bewusst vorleben und selbst verinnerlichen, anstatt den Kindern nur Predigten zu halten. Diese können sie schlecht bis gar nicht verinnerlichen. Beobachten sie hingegen Ihr Verhalten, dass sich mit den von ihnen erwarteten Verhaltensweisen authentisch deckt, werden sie diese besser umsetzen können.

Fragen Sie sich, wieso Ihr Kind lieber vor dem Fernseher sitzt, als draußen mit anderen zu spielen? Oder wieso es so auf Süßigkeiten fixiert ist und sich manchmal zu nichts überreden lässt, bis man ihm einen Schokoriegel als Belohnung anbietet? Hinterfragen Sie Ihr eigenes Verhalten. Wie viel Zeit verbringen Sie selbst an der frischen Luft, wie wichtig ist Ihnen selbst ein entspannter Nachmittag vor dem Fernseher? Gleiches gilt für Süßigkeiten, Alkohol- oder Zigarettenkonsum oder gar Respektlosigkeit gegenüber Autoritäten. Kinder bekommen so einiges mit, und wenn sie einen vollen Einkaufswagen voll ungesunder Lebensmittel sehen oder mitbekommen, wie Sie anderen Menschen gegenüber unfair sind, prägen sich diese Muster als normale Denkweisen bei ihnen ein und führen zur Imitation.

Keine Sorge – Sie sollen kein komplett enthaltsames Leben führen, nur um zu garantieren, dass Ihr Kind ein guter Mensch wird. Glücklicherweise ist kein Mensch perfekt und wenn Sie Fehler machen, können Ihre Kinder aus diesen ebenfalls lernen. Sie verstehen dann, dass es nicht schlimm ist, mal etwas falsch zu machen und dass dies kein Grund dafür ist, sich dauerhaft schlecht zu fühlen. Dafür ist offene Kommunikation nötig. Scheuen Sie sich nicht, einen Fehler zuzugeben – womöglich haben Sie sich z.B. bei etwas geirrt oder Ihr Kind zu Unrecht für etwas beschuldigt. Vor allem in letzterem Fall sollten Sie sich aufrichtig entschuldigen und erklären, wieso Sie so gehandelt haben, wie Sie es getan haben. Stehen Sie zu Ihren Problemen und besprechen Sie diese mit den Kindern, damit sie gemeinsam einen Konflikt lösen können. Das Kind entwickelt dadurch ein gesundes Konfliktbewusstsein und merkt, dass die eigenen Eltern auch nicht fehlerfrei sind. Sollte das Kind selbst einmal einen Fehler begehen, fällt es ihm dann leichter, von sich aus das Gespräch zu suchen, sich zu entschuldigen und das Problem zu lösen. Ganz ohne Frust und Tränen.

Abgesehen von sozialen Verhaltensweisen sind Eltern ebenfalls Vorbilder in Sachen Konzentration. Sie müssen bedenken, dass sich im Alltagsverhalten vieler Erwachsener in den letzten Jahrzehnten einiges geändert hat. Während es noch vor 50 Jahren undenkbar war, dass Menschen mit kleinen technischen Geräten in den Händen durch die Welt gehen und ihre Aufmerksamkeit stundenlang auf blinkende Bildschirme lenken, ist das heute ganz normal. Viele Kinder sehen Ihre Eltern ständig mit Kopfhörern, voll vertieft in ein Spiel auf dem Handy oder auf Tastaturen eines Laptops einhämmernd, und das, seit sie Babys sind. Zudem sind sie von ihren Eltern gewohnt, dass mehrere Tätigkeiten miteinander verbunden werden. Während der Vater bügelt, schaut er gleichzeitig Fernsehen oder telefoniert mit jemandem. Beim Frühstück schreibt die Mutter nebenbei einen Einkaufszettel, sieht sich kurze Videos an, checkt Nachrichten, während der Vater in sein Marmeladenbrot beißt und gleichzeitig seinen Terminkalender überprüft. Wir leben durchaus in einer schnellen Welt, in der es manchmal nötig ist, vieles gleichzeitig zu balancieren. Unseren Kindern wären wir aber ein besseres Vorbild, wenn wir zumindest zuhause öfter mal nach dem Motto „eins nach dem anderen“ leben würden. So lernen nicht nur die Kinder, sich auf eine Sache zu konzentrieren, sondern auch die Erwachsenen praktizieren Achtsamkeit und Dankbarkeit. Beim Essen wird sich nur aufs Essen konzentriert, beim Fernsehen nur aufs Fernsehen und bei einem Gespräch steht nur die Kommunikation im Vordergrund. Multitasking ist nichts, was Kindern im Leben wirklich hilft, sondern sie eher behindert.

Multitasking ist ein wichtiges Stichwort. Unsere Leistungsgesellschaft erwartet, dass wir verschiedene Tätigkeiten gut jonglieren und Dinge gleichzeitig ausführen können. Wer viele Sachen gleichzeitig erledigt, schafft mehr und ist früher fertig. Und mit etwas Übung kann doch jeder zum Multitasking-Talent werden, oder?

Falsch. In Wahrheit ist unser Gehirn nicht dazu in der Lage, Multitasking zu betreiben. Das Gefühl, nie etwas in Ruhe fertig machen zu können, stammt genau von diesem Gegensatz. Wir möchten zwar viel auf einmal fertigbekommen, können das aber schon rein biologisch gesehen nicht schaffen. Schon in den 1950er Jahren fanden amerikanische Psychologen heraus, dass der Mensch höchstens 5 bis 9 Einheiten von Informationen für einen gewissen Zeitraum im Kopf behalten kann. Egal, wie sehr wir uns im Multitasking üben, unsere Aufmerksamkeitsleistung ist nicht endlos und die geistige Kapazität lässt sich nicht auf mehrere Tätigkeiten aufteilen. Das Gehirn arbeitet seriell, macht also lieber einen Schritt nach dem anderen. Selbst Menschen, die den Eindruck haben, gute Multitasker zu sein, liegen falsch – sie schalten zwischen den Aufgaben einfach nur schnell hin und her, weil parallel nichts verarbeitet werden kann. Eine Zeit lang mag das klappen, doch diese Arbeitsweise ist sehr anstrengend für den präfrontalen Kortex, der Teil des Gehirns, der für die Lenkung des bewussten Denkens zuständig ist. So kommt es zu Erschöpfung und schlechteren Leistungen. Wenn wir uns auf zwei Sachen konzentrieren, brauchen wir also im Endeffekt länger für beides, als wenn wir erst eine und dann die zweite Sache erledigt hätten. Beim Multitasking kommt es quasi ständig zu Arbeitsunterbrechungen und die Fehlerquote für beide Aufgaben erhöht sich zusätzlich.

Die Folge: Schlechte Laune, psychische Erschöpfung und die Unfähigkeit, einfach mal abzuschalten. Bei Kindern sieht das Ganze ähnlich aus. Ihnen fällt es noch schwerer, die wertvolle Konzentrationszeit auf mehrere Dinge gleichzeitig auszurichten. Sollen sie dies doch tun, sind sie überfordert und verlieren den Elan. Oft multitasken Kinder und Jugendliche fast unbewusst, indem sie beim Lernen ständig aufs Handy schauen und sich von Nachrichten oder neuen Posts auf Social Media Plattformen ablenken lassen. Auch dann schaltet ihr Gehirn von einem Punkt der Aufmerksamkeit zum anderen und zurück. Jede Aufmerksamkeitsverschiebung kostet wertvolle Energie und das Gehirn wird immer müder. Nach jeder noch so kleinen Unterbrechung hat es das Gefühl, von neuem anfangen zu müssen. Um sich erneut auf die ursprüngliche Aufgabe konzentrieren zu können, dauert es in der Regel einige Minuten. Nimmt diese Form des Multitaskings größere Ausmaße an, wird es deswegen immer schwerer, von der Ablenkung zurück zum Lernen zu kommen. Ein weiterer Faktor ist das Gedächtnis. Viel Konzentration ist nötig, um Informationen aufzunehmen, zu verarbeiten und zu speichern. Wird die Aufmerksamkeit geteilt, bekommt die Gedächtnisspur Löcher und das Wissen wird nur unvollständig gespeichert. Die einzige Form von Multitasking, mit der wir klarkommen, sind automatische Abläufe wie gehen oder den Abwasch machen, weil diese Tätigkeiten so gewohnt sind, dass für sie geistig kaum Energie aufgebracht werden muss. Über komplexere Inhalte kann daher trotzdem nachgedacht werden.

Viel gewinnbringender als Multitasking sind bewusste Pausen, also Spaziergänge, ein angenehmes Bad oder Momente, in denen man einfach nur vor sich hin döst. Die zu erledigende Aufgabe wird dann für einen Moment ganz vergessen und das Gehirn erholt sich sozusagen von ihr. Überraschend schnell passiert es dann, dass gerade diese Pause zu einem neuen Lösungsansatz inspiriert. Ein schwieriges Problem stellt sich als einfach zu behebende Kleinigkeit heraus und mit neuer Energie kann es erneut angegangen werden. Bei Kindern führen Pausen ebenfalls dazu, dass sie einen besseren Gesamtüberblick bekommen und das bereits vorhandene Wissen auf einmal besser zusammensetzen können; sie sind nach der Pause motivierter und zielgerichteter.

Ihrem Kind fällt es schwer, eine kleine Lernpause nicht zur großen YouTube-Session ausarten zu lassen? Ein simpler, aber effektiver Trick ist die Pomodoro-Methode. Dabei wird 50 Minuten gearbeitet und 10 Minuten Pause gemacht (für Erwachsene geeignet), in einer anderen Version wird 25 Minuten gearbeitet und 5 Minuten Pause gemacht (für ältere Kinder / Jugendliche geeignet). Wie Sie bereits wissen, können sich Kinder ab einem bestimmten Alter bereits 20 Minuten am Stück konzentrieren. Stellen Sie beim Hausaufgaben Machen einen Timer und erklären Sie dem Kind, dass es sich in den nächsten 20 Minuten nur auf die Hausaufgaben konzentrieren soll. Dafür hat es danach 5 bis 10 Minuten Pause, in denen es machen darf, was es will. Sie werden sehen, dass sich die Lernbereitschaft sofort erhöhen wird. Je nach Konzentrationsfähigkeit und äußeren Umständen können Sie die Minutenzahl natürlich anpassen. Während der Pause kann das Kind toben oder sich bewusst mit etwas ablenken, während der Konzentrationszeit bleibt es fokussiert und bearbeitet eine Aufgabe nach der nächsten – alles der Reihe nach.

Wenn Sie solche Prinzipien und Methoden zusätzlich in den eigenen Arbeitsalltag integrieren und auch zu Hause lieber eins nach dem anderen erledigen, wird Ihr Kind diese Arbeitsweise beobachten und imitieren. So sind Sie mit Disziplin und Verständnis gleichermaßen das perfekte Konzentrationsvorbild. Muntern Sie die Kleinen gezielt dazu auf, ihre volle Aufmerksamkeit auf eine Sache zu lenken und bei dieser zu bleiben. Etwas später im Buch wird noch einmal genau darauf eingegangen, mit welchen Übungen das Kind eine solche Aufmerksamkeits- und Konzentrationsspanne erreichen kann.

Die häufigsten Auslöser von Konzentrationsproblemen und wie Sie diese umgehen

Ganz lassen sich tückische Auslöser für Konzentrationsprobleme selten vermeiden. Dass mal etwas dazwischenkommt, das die Kleinen aus dem Fokus bringt und das Lernen erschwert, ist völlig normal und zu erwarten. Trotzdem gibt es ein paar typische Konzentrationskiller, die sich leicht identifizieren und bekämpfen lassen.

Schlafmangel

Nur wer ausreichend und erholsam schläft, kann sein Bestes geben. Im Schlaf werden Erlebnisse verarbeitet, Gelerntes gefestigt und Energiereserven aufgeladen. Informationen, die Kinder am Tag aufgenommen haben, werden im Schlaf sortiert und ins Langzeitgedächtnis aufgenommen. Damit bekommt ihr Kurzzeitgedächtnis wieder Platz für Neues. Um einen gesunden Schlaf für Ihr Kind zu garantieren, sollten Sie feste Schlafenszeiten vorgeben und gegebenenfalls dafür sorgen, dass es Schlaf nachholt, wenn es nicht genug bekommen hat. Je jünger das Kind ist, desto mehr Schlaf benötigt es. In der Regel sind 9 bis 11 Stunden optimal.

Ständige Ablenkung

Ablenkungen sorgen am häufigsten für Konzentrationsprobleme bei Kindern. Der laufende Fernseher mit seinen bunten, verlockenden Bildern, ein Radio, ein Handy oder spielende Geschwister in der Nähe bringen das Kind immer wieder aus seiner Konzentrationsphase raus und sorgen für Unruhe. Es möchte sich auf mehrere Sachen gleichzeitig konzentrieren, wechselt aber in Wahrheit immer nur hin und her und kann sich deshalb weder der Ablenkung noch den Aufgaben, die es zu erledigen hat, komplett zuwenden. Bei den fest eingeplanten Lernzeiten sollte dafür gesorgt werden, dass nicht benötigte technische Geräte entweder ausgeschaltet oder in einem anderen Raum sind. Geschwisterkinder werden vor der Lernzeit darauf hingewiesen, leise zu spielen oder das Zimmer, in dem das Kind lernt, nicht zu betreten.

Überforderung

Der Grat zwischen verlockender Herausforderung und beängstigender Überforderung ist manchmal schmal. Kinder lieben es zu lernen, doch wird zu viel Druck aufgebaut oder muss es zu viele Aufgaben auf einmal erledigen, wird das Lernen zur Qual. In der Folge kann es sich nur noch schwer konzentrieren und bringt keine Motivation für die Aufgaben auf. Was können Sie gegen diese Überforderung tun? Erlauben Sie Ihrem Kind, eine Aufgabe erst mal zur Seite zu legen und Schritt für Schritt weiterzuarbeiten. Wenn es keine gravierenden Auswirkungen mit sich zieht, kann es eine Aufgabe auch weglassen. So wird Druck abgebaut und dem Kind fällt es leichter, zumindest so weit zu kommen, wie es im Moment eben kommt. Nach einer Pause und etwas verbaler Aufmunterung fühlt es sich wieder selbstsicherer und motivierter.

Zu wenig Bewegung und ungesunde Ernährung

Damit sich die Konzentrationsfähigkeit des Kindes ständig verbessern kann, muss es sich regelmäßig körperlich betätigen und sich gesund ernähren. Damit ist die körperliche Grundlage für langanhaltenden Fokus gelegt. Hat Ihr Kind eine Lernblockade, kann ein gemeinsamer Spaziergang oder ein gesunder Snack Wunder wirken. Die Pause vom Büffeln wird optimal genutzt, wenn sich das Kind bewegt und durch die richtige Ernährung wertvolle Inhaltsstoffe für neue Energie aufnimmt.

Frustration wegen zu schwieriger Aufgaben

Des Weiteren können Sie die Pause nutzen, um mit Ihrem Kind über etwas zu reden, das gar nichts mit den noch zu erfüllenden Aufgaben zu tun hat. Hängt das Kind an einer schwierigen Aufgabe fest und weiß nicht weiter, hilft es, wenn es eine Zeit lang gar nicht an sie denkt, um sie dann mit frischem Kopf wieder anzugehen. Ansonsten droht nämlich die Gefahr, dass das Kind zunehmend frustriert wird und die Motivation verliert. Ist die Aufgabe zu schwer, kommt es sich machtlos vor und hat keinen Spaß am Lernen. Jede noch so kleine Ablenkung wird gleichzeitig immer verlockender. Neben einer erholsamen Pause wird dem zusätzlich entgegengewirkt, wenn die schwierige Aufgabe in Teilschritte zerlegt wird.

Nicht genug Vorwissen & Interesse

Je weniger Interesse ein Kind an einem Thema hat, desto schwieriger wird es sich damit tun, konzentriert zu arbeiten. Nicht einmal Konzentrationsübungen sind dann in der Lage, das Kind in den Lernmodus zu bringen. Wenn das Kind dazu auch noch nicht genug Vorwissen hat, um eine Aufgabe oder deren Lösungsweg zu verstehen, lässt es sich von allem ablenken und sieht keinen Weg, sich der Aufgabe zu nähern. Dieses Gefühl führt oft in eine Abwärtsspirale der Demotivation. Mit jedem neuen Stoff, der in der Schule zum Thema dazukommt, fühlt sich das Kind mehr und mehr überfordert und verliert das Interesse noch weiter.

Deswegen ist es vorteilhaft, sich außerhalb der Schule weiter mit dem Lernstoff zu beschäftigen. Wenn Ihr Kind z.B. ein Kapitel im Schulbuch mehr liest, als erwartet, oder sich kommende Hausaufgaben zumindest einmal ansieht, hat es einen besseren Überblick über die als nächstes anstehende Arbeit und fühlt sich sicherer. Das Vorwissen hilft ihm dabei, neuen Stoff besser zu verstehen und einzuordnen.

Wie können Sie konkret die Motivation zum Lernen fördern? Versuchen Sie, den natürlichen Wissensdurst Ihres Kindes anzuregen, indem Sie ihm den Sinn des Lernens aufzeigen. „Wieso soll ich das überhaupt lernen? Wofür brauche ich das?“, fragen Kinder oft. Sie wollen verstehen, warum sie sich diese Mühe machen sollen. Ein gemeinsamer Ausflug kann den Sinn vermitteln. Ein Erlebnismuseum kann eher trockene Geschichtsthemen greifbar machen, ebenso ein Ausflug in den Zoo oder in den Wald, um die Begeisterung für das Fach Biologie zu wecken. Dadurch erhöht sich bei Ihrem Kind seine innere Motivation, sich mit dem Lernstoff auseinanderzusetzen. Das bedeutet, dass es von sich aus etwas über die Sache lernen will und nicht, weil es eine materielle Belohnung erwartet. Diese Form der Motivation ist die beste und führt zur meisten Produktivität. Darüber hinaus kann die Art des Lernens optimiert werden. Ihr Kind ist ein „digital native", es wächst mit neuester Technologie auf, hat eine andere Aufmerksamkeitsspanne wie Sie und lernt vermutlich am liebsten am Tablet oder am Laptop. Es gibt mittlerweile viele Lernplattformen, die wertvolle Lerninhalte kompetent, interaktiv und mit Spaß vermitteln.

Strenge Forderungen & hohe Erwartungen

Zum Desinteresse an einem Thema kommen bei Kindern häufig noch hohe Erwartungen aus dem sozialen Umfeld, insbesondere der Eltern, hinzu. Der Druck, unbedingt gute Noten mit nach Hause zu bringen, kann Kinder überfordern und ihre Konzentrationsfähigkeit senken. Sie lernen dann, weil sie müssen und nicht, weil sie wollen, was ihnen ein Gefühl von Selbstbestimmtheit verwehrt. Dabei ist selbstbestimmtes Lernen wichtig. Ihr Kind muss selbst herausfinden was ihm Spaß macht und was nicht, in welchem Fach es gut ist und in welchem nicht. Niemand ist überall perfekt. Ihr Kind ist in einigen Fächern gut, in einem aber sehr schlecht? Tadeln Sie es nicht! Fragen Sie nach, wieso Ihrem Kind gerade dieses eine Fach Probleme bereitet. Anstatt mit Ärger oder Druck zu reagieren, sollten Sie klarmachen, dass es nicht schlimm ist, mal einen Durchhänger zu haben oder etwas nicht zu verstehen. Die Hauptsache ist schließlich, dass das

Kind nicht aufgibt und weiterhin sein Bestes gibt.

Zu viele Gedanken

Sicher haben Sie selbst ab und zu Phasen, in denen sich die Gedanken überschlagen und Sie sich kaum auf die Sache vor sich konzentrieren können. Bei Kindern ist das ganz genauso. Erlebnisse des Tages, Gespräche, Wünsche, Fantasien, Ängste schwirren ihnen im Kopf herum und erschweren das Konzentrieren. Wenn die Lernphase beginnt, kann das Gehirn dann nicht automatisch in den Konzentrationsmodus wechseln und alles andere vergessen. Innere Unruhe verhindert, dass neue Informationen erfolgreich verarbeitet und abgespeichert werden. Wenn Sie merken, dass Ihr Kind abgelenkt ist, herumzappelt oder vor sich hinträumt, sollten Sie das Gespräch mit ihm suchen. Womöglich hat es etwas auf dem Herzen oder ist aufgrund eines Ereignisses noch zu aufgeregt. Ein ruhiges Gespräch lässt das Gedankenkarussell anhalten und bringt Ausgeglichenheit in den Körper. Auch Achtsamkeitsübungen, wie sie später im Buch noch näher beschrieben werden, helfen bei innerer Unruhe.

Die 8 effektivsten Tipps und Tricks, um die Konzentrationsfähigkeit Ihres Kindes immens zu erhöhen

Trotz zahlreicher Ablenkungen, welche die Konzentrationsfähigkeit Ihres Kindes beeinträchtigen können, kann leicht eine gute Lernatmosphäre geschaffen werden. Die folgenden 8 Tipps und Tricks sind wichtige Grundlagen für eine solche Atmosphäre und helfen dem Kind dabei, sich zu fokussieren.

1. Eine Umgebung ohne Ablenkungen schaffen

Viele Menschen können sich in ein geschäftiges Café setzen und ohne Probleme stundenlang konzentriert arbeiten. Andere wiederum brauchen Stille und Ruhe um sich herum, damit sie sich vollends auf eine Aufgabe fokussieren können. Bei Kindern ist das nicht anders. Manche bevorzugen eine ruhige Umgebung, andere können ebenso gut oder vielleicht sogar besser arbeiten, wenn sie zumindest etwas Musik hören. Finden Sie deshalb heraus, welche Umgebung die Konzentrationsfähigkeit Ihres Kindes mehr unterstützt. Leise Instrumentalmusik im Hintergrund oder gedimmtes Licht können zu besserem Fokus führen. Technische Geräte wie angestellte Fernseher, Laptops, Handys oder Tablets sind in der Regel gefährliche Ablenkungen, die lieber weggeräumt werden sollten. Die Umgebung des Kindes wird außerdem konzentrationsfördernder, wenn sich alles benötigte Material in der Nähe befindet. Sind die Schulbücher, Hefte, Stifte und etwas zu trinken auf dem Tisch vor dem Kind, muss es nicht aufstehen und nach etwas suchen. Zudem bekommt es so eine bessere Übersicht über alles, was geschafft wurde und das, was es noch zu schaffen gilt.

2. Eine feste Routine schaffen

Feste Routinen geben Kindern Sicherheit, die sie brauchen, um mental ausgeglichen zu sein. Ein geregelter Tagesablauf hilft beim Zeitmanagement und teilt dem Kind feste Abschnitte zu, in denen es weiß, dass es lernen muss. Diese Regelmäßigkeit hilft seinem Gehirn dabei, in den Lernmodus zu kommen. Wenn Ihr Kind beispielsweise jeden Tag um 16 Uhr mit dem Lernen anfängt, nachdem es von der Schule gekommen ist, gegessen und gespielt hat, kommt es automatisch in eine Konzentrationsphase. Das erleichtert das Lernen ungemein, besonders, wenn der nächste Schritt in der Routine wieder etwas Angenehmes ist – wie ein Spaziergang mit dem Hund oder ein Snack.

3. Regelmäßige Pausen

Eine lange Pause vom Konzentrieren in Form eines guten Nachtschlafs gibt Ihrem Kind genug Energie für den nächsten Tag. Zur festen Routine sollten also auch feste Bettzeiten und -rituale gehören. Am Tag selbst sind kleine Pausen aber auch wichtig. Beim Konzentrieren und Spielen verbraucht das Kind viel Kraft, was es ihm schwer macht, sich auf eine neue Aufgabe zu konzentrieren. Ein Power-Nap, also ein kurzer Mittagsschlaf, kann den kleinen Körper wieder mit der benötigten Energie versorgen. Der Mittagsschlaf sollte aber nicht länger als 30 Minuten dauern, das führt zu einem nachhaltigen Müdigkeitsgefühl und verhindert, dass das Kind nachts gut durchschläft. Damit während einer Konzentrationsphase beim Lernen keine unnötigen Ablenkungen entstehen, sollte das Kind davor bzw. danach auf die Toilette gehen, etwas essen oder sich bewegen.

4. Aus großen Aufgaben kleine machen

Wenn ein Kind viel Lernmaterial vor sich hat, fühlt es sich schnell demotiviert und überfordert. Ein ganzes Kapitel zu lesen oder zwei ganze Seiten an Mathematikaufgaben zu bewältigen, scheint dann wie ein unüberwindbares Hindernis, dass nicht nur schwer ist, sondern sich auch ewig hinzieht. Dann hilft es, eine große Aufgabe in mehrere kleine zu unterteilen. Eine Seite kann in Abschnitte unterteilt werden, eine Seite mit Matheaufgaben kann ebenfalls in Einheiten eingeteilt werden. Wenn das Kind mehrere kleine Aufgaben erledigt und Zwischenziele erreicht, fühlt es sich motivierter und wird selbst davon überzeugt, dass es alles schaffen kann; ein Schritt nach dem anderen. Durch diese Vorgehensweise kann es sich länger am Stück konzentrieren und ist überaus produktiv. Selbst; wenn es einmal die Motivation verliert, können Sie sagen: „Schau mal, du hast schon drei Absätze geschafft, es fehlen nur noch zwei. Das schaffst du!“ Und schon geht es weiter. Das gleiche gilt übrigens für Aufgaben im Haushalt. Ihr Kind möchte sein Zimmer nicht aufräumen? Teilen Sie es in mehrere Bereiche ein und geben Sie vor, dass es heute den Schreibtisch aufräumen soll, morgen den Schrank und übermorgen die Spielecke.

5. Kurze Zeitziele

Zeitliche Vorgaben haben großen Einfluss auf unsere Produktivität. Zeitdruck motiviert uns unterbewusst dazu, in der festgelegten Zeitspanne unser Bestes zu geben. Geben Sie Ihrem Kind also Zeitrahmen vor: Eine bestimmte Anzahl von Seiten soll innerhalb von 20 Minuten gelesen werden, eine bestimmte Anzahl von Aufgaben soll in 15 Minuten gelöst werden. Länger als 25 Minuten sollten die Zeitabschnitte nicht sein, weil sich das Kind nicht so lange wie ein Erwachsener auf eine einzelne Aufgabe konzentrieren kann. Zudem sollten Sie zu Anfang genau beobachten, wie Ihr Kind mit dem Zeitdruck umgeht; ist es motiviert und entschlossen, innerhalb des Zeitrahmens alles zu schaffen, funktioniert die Methode. Schaut es öfter panisch auf die Uhr und fühlt sich stark unter Druck gesetzt, verliert es seinen Fokus. Dann helfen ihm zeitliche Vorgaben nicht.

6. Richtige Belohnungen

Belohnungen sind wichtig für jeden Lernprozess. Ein Schokoladenriegel oder ein Spielzeug können tolle Motivatoren für Ihr Kind sein, doch solche Belohnungen verlieren schnell ihre Wirkung oder führen zu einer ungesunden Beziehung zu Herausforderungen. Manchmal ist ein simples Lob viel effektiver als etwas Materielles: Kinder möchten sich wertgeschätzt fühlen und stolz sein können, wenn sie eine Aufgabe erledigt haben.

Auch weiteres Lernen kann eine gute Belohnung sein. Wenn Ihr Kind kein Fan von Mathematik ist und lieber Geschichten schreibt, lassen Sie es ein paar Seiten schreiben, nachdem es die Matheaufgaben erledigt hat.

7. Zeit für Ablenkungen einräumen

Es wurde bereits mehrmals erwähnt, sollte an dieser Stelle aber nochmals betont werden: Konzentrieren ist anstrengend. Für Kinder besonders, denn anstatt bei schönem Wetter drinnen quälende Hausaufgaben zu erledigen, möchte es sich natürlich lieber austoben und die Welt erkunden. Ihrem Kind sollte stets genug Zeit zugestanden werden, um diesem Drang nachkommen zu können. Während Pausen, in denen sich das Kind nicht auf etwas fokussieren muss, sollte es sich Ablenkungen voll hingeben dürfen, denn das hilft ihm dabei, später wieder ausgeglichen und konzentriert zu den Aufgaben zurückzukommen. Besonders der Wechsel von physischer Aktivität und mentaler Aktivität kann sehr wirksam sein. Nach 20 Minuten lesen möchte Ihr Kind vielleicht für 5 Minuten im Garten spielen und frische Luft schnappen, bevor es weitergeht.

8. Energie effektiv nutzen

Jedes Kind hat individuelle Tageszeiten, in denen es viel Energie hat. Manche sind morgens energiegeladen und springen herum, andere werden lieber abends aktiv. Zu diesen Zeiten fällt es ihnen leichter, sich auf Aufgaben und Aktivitäten zu konzentrieren. Schwierige Hausarbeiten oder Aufgaben, die dem Kind normalerweise keine Freude bereiten, sollten deswegen genau dann angegangen werden. Die hohe Energie wird dafür genutzt, die Aufgabe zu bewältigen. Sobald die Energie des Kindes nachlässt und es sich immer leichter ablenken lässt bzw. dazu neigt, schneller aufzugeben, kann eine etwas leichtere Aufgabe bewältigt werden. Das Energielevel des Kindes wird somit optimal genutzt, um die Konzentrationsphasen so angenehm und produktiv wie möglich zu gestalten.

Wenn Sie diese 8 Tipps nachhaltig in die Lernroutine Ihres Kindes integrieren, wird es leicht in produktive Konzentrationsphasen finden und mit Spaß lernen. Abgesehen von den eben erläuterten Grundprinzipien gibt es viele effektive Konzentrationsübungen und -spiele sowie Achtsamkeitsübungen, die die Konzentrationsfähigkeit von Kindern allgemein verbessern. Die wirksamsten und lustigsten von ihnen werden Ihnen im weiteren Verlauf des Buches nahegelegt und können ebenfalls leicht in den Alltag integriert werden.

Die richtige Ernährung für Konzentrationsprofis

Konzentration und Ernährung hängen eng zusammen. Wie Sie bereits wissen, wird einiges an Energie gebraucht, um sich zu konzentrieren. Kinder brauchen Energie nicht nur zum Lernen, sondern auch zum Wachsen und zum Spielen. Viele Nährstoffe, garantiert durch gute Lebensmittel und eine allgemein abwechslungsreiche Ernährung, bilden die Grundlage für einen gesunden Körper und einen gesunden Geist. Eine Ernährungsumstellung kann zwar kurzfristig keinen großen Unterschied bei der Konzentrationsfähigkeit machen, doch langfristig führt sie zu einer maßgeblichen Verbesserung der kognitiven Fähigkeiten und der Gesundheit allgemein.

Wie können Sie sichergehen, dass Ihr Kind jeden Tag die benötigte Energie bekommt? Die wichtigste Grundlage ist reichlich Flüssigkeitsaufnahme. Das Gehirn selbst besteht zu 70 Prozent aus Wasser und ohne ausreichend Wasser im Organismus kommt es schnell zu Kopfschmerzen, Müdigkeit und verringerter Konzentration. Ein Kind im Grundschulalter sollte etwa 1 bis 1,2 Liter Wasser am Tag trinken. Ob mit oder ohne Kohlensäure, Wasser ist immer die beste Wahl. Eine Fruchtschorle zwischendurch ist erlaubt, ansonsten kann zu ungesüßten Tees gegriffen werden. Ihrem Kind ist Wasser zu langweilig? Mit einer Scheibe Zitrone oder anderen Früchten im Glas kann ein angenehm erfrischender Geschmack ins Wasser gebracht werden.

Die nächste Grundlage: Ein gesundes Frühstück. Das Frühstück ist tatsächlich die wichtigste Mahlzeit des Tages, da wir vormittags oft am produktivsten sind und für die volle Konzentration viele Nährstoffe und Kohlenhydrate brauchen. Damit Ihr Kind nicht schon in der ersten Schulstunde hungrig ist und genug Energie hat, sollte das Frühstück aus verschiedenen gesunden Komponenten bestehen. Vollkornbrot oder Haferflocken sind eine gute Basis, dazu bieten sich Frischkäse oder Kräuterquark an, zusammen mit geschnittenem Gemüse und Obst. Typische Cornflakes sind zwar lecker, enthalten aber viel Zucker und machen nicht nachhaltig satt. Für die Schule geben Sie Ihrem Kind ebenfalls etwas Abwechslungsreiches mit; ein Pausenbrot mit leckerem Belag, Nüsse mit wertvollen Fetten oder ein kleines Müsli halten das Energielevel hoch. Dazu braucht das Kind immer noch eine Trinkflasche.

Die alltägliche Ernährung Ihres Kindes sollte viel Power-Food fürs Gehirn enthalten, um die Konzentrationsfähigkeit den ganzen Tag über zu fördern. Mineralstoffe und Vitamine können kaum zu viel aufgenommen werden. Eisen, Zink und Vitamin C unterstützen das kindliche Immunsystem, damit die Kleinen gegen Viren und Bakterien geschützt sind. B-Vitamine, auch bekannt als Nerven-Vitamine, werden gebraucht, damit sich Serotonin und Dopamin bilden kann. Während Serotonin für Glücksgefühle zuständig ist, steigert Dopamin vor allem die Konzentration und Aufmerksamkeit. Ebenso wichtig für die Konzentration und die Versorgung des Gehirns sind Omega-3-Fettsäuren.

Es gibt einige Lebensmittel, die diese wichtigen Nährstoffe in erhöhter Konzentration enthalten und somit echte

Energielieferanten sind. Dazu zählen Fische wie Lachs oder Makrele, die viel Jod, Eiweiße und Omega-3-Fettsäuren enthalten. Hülsenfrüchte wie Linsen, Kichererbsen oder Bohnen bieten wichtiges pflanzliches Eiweiß und zusätzlich einige Ballaststoffe, was bewirkt, dass das Kind lange satt bleibt. Trockenfrüchte enthalten wertvolle B-Vitamine, Kalium und Magnesium. Mandeln und Nüsse sind reich an gesunden Fetten, Eiweiß, Vitamin E und B6 sowie der Aminosäure Tryptophan, die im Gehirn in Serotonin umwandelt wird. Schließlich enthalten qualitativ hochwertige Öle wie Olivenöl, Walnussöl oder Leinöl noch gesunde ungesättigte Fettsäuren. Wenn Sie all diese Lebensmittel in die Ernährung des Kindes integrieren, wird es langfristig alle wichtigen Nährstoffe bekommen, die es braucht.

Dass Obst und Gemüse zu den Hauptkomponenten einer gesunden Ernährung zählen, ist wohl jedem klar. Leider tun sich Kinder besonders bei Gemüse wie Brokkoli oder Rosenkohl schwer, sie können wahre Gemüseverweigerer werden und deklarieren dann selbstbewusst: „Das ess' ich nicht!" Früher oder später müssen sie das Gemüse natürlich trotzdem essen, denn ihr Körper braucht es allemal. Suchen Sie nach kreativen Wegen, das gehasste Gemüse in ein leckeres Gericht zu verwandeln. Bestimmt hat Ihr Kind auch ein Gemüse oder ein Obst, dass es sehr gerne ist. Schneiden Sie die Lebensmittel als Rohkost klein und bieten Sie sie als Snack für zwischendurch an. Am besten geben Sie dazu einen leckeren Dip – Erdnussmus für Obst, Kräuterquark, Hummus oder Guacamole für Gemüse. Die Deutsche Gesellschaft für Ernährung empfiehlt pro Tag fünf Portionen an Obst und Gemüse, wobei eine Portion in die eigene

Hand passt. Bei Kindern sind die Portionen daher kleiner als bei Erwachsenen, doch in der Regel kann es von diesen gesunden Produkten nicht genug im Ernährungsplan geben.

Da Essen eine tolle soziale Aktivität ist, sollten Sie versuchen, wenigstens einmal am Tag gemeinsam als Familie mit den Kindern zu essen. Das gesunde Essen muss dabei nicht einmal zum Thema werden, denn Verweigerungen und Streitigkeiten sorgen für schlechte Stimmung. Fungieren Sie selbst als Vorbild und bieten Sie abwechslungsreiches Essen mit viel Obst und Gemüse an, oder animieren Sie die Kleinen dazu, selbst beim Kochen zu helfen. Dabei sollten Sie darauf achten, dass die Kinder nicht mit scharfen Messern in Berührung kommen, sich aber trotzdem beteiligen können. So lernen sie, die Mahlzeiten wertzuschätzen und darauf zu achten, was sie ihrem Körper zuführen. Dieses Bewusstsein wird sich in ihnen festigen und sie ein Leben lang begleiten.

Nun stellt sich noch die Frage, welche Lebensmittel vermieden werden sollten, weil sie keinerlei Nutzen für den Körper haben oder ihm sogar schaden. In moderaten Mengen ist fast alles erlaubt – Kinder lieben nun mal Süßigkeiten oder süße Getränke. Das ist auch kein Problem, solange es bei kleinen Portionen bleibt. Gemieden werden sollten die sogenannten Transfette, von denen einige bei der Lebensmittelherstellung künstlich erschaffen werden. Viele Nahrungsmittelhersteller nutzen künstliche Transfette, um den Geschmack von Gerichten zu verbessern und deren Haltbarkeit zu erhöhen. Werden diese Fette vermehrt konsumiert, können Übergewicht und Anfälligkeit für Herzkrankheiten die Folge sein, zudem können sie die

Gedächtniskraft verringern. Gesundheitsschädliche Transfette finden sich in Kuchenmischungen, Eiscreme und Sahne, in frittierten Lebensmitteln und tiefgefrorenen Gerichten, allgemein in den meisten verarbeiteten und verpackten Lebensmitteln. Wie immer gilt: Die Dosis macht das Gift. Dennoch sind naturbelassene, regionale und frische Lebensmittel immer die bessere Wahl.

In der Schule helfen Snacks dabei, den kleinen Hunger zu vertreiben und die Konzentration hochzuhalten. Verlockend sind leckere Müsliriegel, leider sind viele der angebotenen Riegel durch den vielen Zucker nicht empfehlenswert. Durch ihn steigt der Blutzucker für eine kurze Zeit, bevor er schnell wieder sinkt und es zu erneutem Hungergefühl kommt. Dadurch sinkt auch die Konzentration. Ähnliches gilt für Traubenzucker für die Klassenarbeit. Er gibt dem Kind zwar einen schnellen Energiekick, aber schon nach 20 Minuten fällt der Blutzuckerspiegel enorm ab. Anstatt viel Energie und Leistungsfähigkeit zu erreichen, wird das Kind müde und bekommt Heißhunger. Als Schul-Snack eignet sich daher eher Trockenobst wie Aprikosen, Datteln oder Feigen, oder eine Hand voll Nüsse. Auch Smoothies mit vielen Beeren sind eine wertvolle Ergänzung zum Ernährungsplan, in diese können Sie auch leicht Gemüse wie Gurken oder Babyspinat mischen, die das Kind durch die süßen Früchte kaum schmeckt. Bananen machen satt und stecken voller Magnesium und Kalium, Joghurt ist ebenfalls ein sehr vitalstoffreicher Snack. Damit der kleine Körper nicht durch eine lange Verdauungsperiode erschöpft wird, sollten die Portionen nicht zu groß sein. Schon ein kleiner Snack reicht dem Gehirn, um sich die benötigte Energie zu holen.

12 kurze und simple Bewegungsübungen aus der Kinesiologie

Was machen Kinder am liebsten auf dem Schulhof, wenn sie die letzten 90 Minuten auf dem Stuhl gesessen und sich auf den Unterricht konzentriert haben? Richtig, sie toben herum und bewegen sich ausgiebig. Dadurch gelangt viel Sauerstoff in den Körper, die Durchblutung wird angeregt und das Gehirn hat Denkpause.

Aber nicht nur willkürliches Rennen und Springen hilft den Kindern dabei, neue Energie für die nächste Lernphase zu gewinnen. Die sogenannte Lerngymnastik gehört zur Kinesiologie. Diese Praxis zielt darauf ab, Ungleichgewichte im System von Körper und Geist zu korrigieren und somit das Wohlbefinden und die Gesundheit zu verbessern. Bewegungs- und Balanceübungen werden gezielt durchgeführt, um Körper und Gehirn zu koordinieren und das Lern- und Konzentrationsvermögen zu steigern. Übungen, die beispielsweise Überkreuzbewegungen oder kombinierte Kopf- und Augenbewegungen verlangen, tragen dazu bei, dass verschiedene Gehirnareale aktiviert werden und zusammenarbeiten. Das trägt bei Kindern zur Ausbildung ihrer Filtersysteme im Gehirn bei, die für langes Konzentrieren und Unterscheiden von wichtigen und unwichtigen Reizen in einer Situation unentbehrlich sind. Gleichzeitig wird durch die Bewegungsübungen die motorische Koordination gefördert.

Die Bewegungen fürs Gehirn werden grundsätzlich in vier Bereiche unterteilt. Die Längsbewegungen fördern die Auffassungsgabe und Konzentrationsfähigkeit. Die Energieübungen verbessern die Plan- und Organisationsfähigkeit. Die Übungen des nächsten Bereichs fördern eine positive Einstellung und geben neue Motivation. Die Mittellinienbewegungen schließlich trainieren vor allem die Funktion des Lesens, Schreibens, Zuhörens und Sprechens.

Längsbewegungen

Bei den Längsbewegungen stehen vor allem Körperhaltung und Muskeln im Vordergrund. Durch sie wird der Körper wieder optimal ausgerichtet, Verspannungen lockern sich und Stress wird abgebaut. Besonders unterbewusster Stress, der zu einer verkrümmten Haltung und verspannten Muskelpartien führt, die wiederum unangenehme Gefühle hervorrufen, wird entgegengewirkt. Wenn die Längsbewegungen in den Alltag integriert werden, wird die Wirbelsäule unterstützt und deren Muskeln finden zu ihrer natürlichen Länge. Vor allem nach langen Konzentrationsperioden sind diese Bewegungen hilfreich, weil sie beim Kind zu einem verbesserten Körpergefühl führen – dadurch wird es mental gestärkt und motiviert.

1. Die Eule

Die Übung Eule tut besonders der Schulter- und Nackenmuskulatur gut, die nach langem Sitzen Entspannung braucht. Das Kind legt als erstes die rechte Hand auf seine linke Schulter und drückt den Schultermuskel zusammen. Dann wird der Kopf beim Einatmen zur linken Schulter gedreht, danach wird ausgeatmet. Beim nächsten Einatmen wird der Kopf zur rechten Schulter gedreht und es wird wieder ausgeatmet. Nun wird der Kopf beim Einatmen zur Mitte gedreht und während dem Ausatmen nach vorne gesenkt.

Wiederholen Sie die Übung mit Ihrem Kind 3-mal, während die rechte Hand auf der linken Schulter liegt. Dann wird die linke Hand auf die rechte Schulter gelegt, die rechts-links-Mitte-Bewegung des Kopfes wird wiederholt. Dabei nicht das gleichmäßige Atmen vergessen. Für eine zusätzliche Entspannung kann während der Kopfbewegung noch die Schulter leicht massiert werden. Insgesamt wirkt die Eule entspannend und verbessert die Beweglichkeit des Kopfes. Gleichzeitig wird die Durchblutung zum Gehirn gefördert und das Konzentrieren fällt somit leichter.

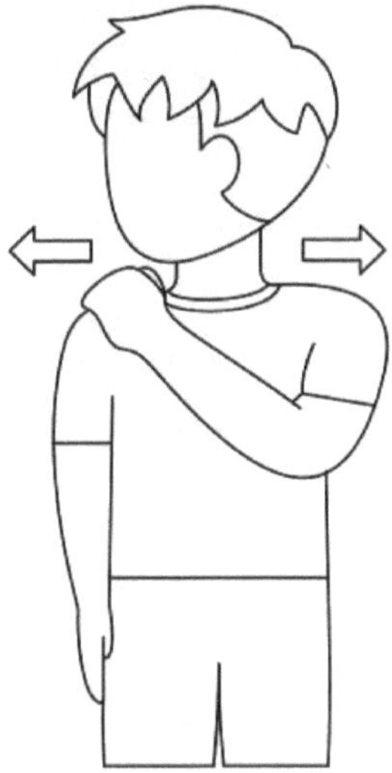

2. Arm-Aktivierung

Auch diese Übung ist eine Wohltat für den Schulterbereich, vor allem, wenn das Kind lange mit Lesen und Schreiben beschäftigt war. Die Arm-Aktivierung dehnt und lockert die Brustmuskulatur und die Arme. Sie kann stehend oder sitzend vollzogen werden.

Im ersten Schritt streckt das Kind seinen linken Arm ganz nach oben, so hoch wie es geht. Dann winkelt es den rechten Arm hinter dem Kopf an und umfasst den Oberarm des linken Arms mit der rechten Hand. Währenddessen wird tief eingeatmet. Beim Ausatmen drückt das Kind den Arm nacheinander isometrisch in vier Richtungen: Erst seitlich weg vom Kopf, dann nach vorne, nach hinten und zum Ohr hin. Die andere Hand übt währenddessen leichten Gegendruck aus. Das Gleiche wird mit dem anderen Arm gemacht. Um die Arm-Aktivierung zum Abschluss zu bringen, schüttelt das Kind seine Schultern und rollt sie nach vorn und nach hinten. Die Übung kann nach Belieben angepasst werden – der Arm kann auch nach vorn gestreckt oder seitlich an die Hüfte gepresst werden. Danach ist die Schultermuskulatur entspannt und die Sitzhaltung verbessert sich. Weil sich während der Übung das Zwerchfell öffnet, kann tiefer geatmet werden. Dadurch gelangt mehr Sauerstoff ins Gehirn und die Konzentrationsfähigkeit steigt.

3. Wadenpumpe

Die Muskeln des Oberschenkels und der Waden verkürzen sich durch eine angespannte Sitzhaltung oder Stress. Die Wadenpumpe sorgt dafür, dass die Muskeln ihre normale Länge wiedererlangen und sich Verkrampfungen lösen. Auch die Blutzirkulation und der Lymphfluss der Beine wird angeregt. Darüber hinaus verbessert die Wadenpumpe die Gehirnaktivität und die

Kommunikationsfähigkeit, weil durch sie der Sehnenkontrollreflex gelöst wird. Dieser Reflex führt zur Anspannung von Muskeln und Sehnen und wird durch Stress ausgelöst.

Das Kind stützt sich als erstes mit seinen Händen an einem Tisch, einer Couch oder einer Stuhllehne ab. Ein Bein stellt es nach hinten, bevor es sich leicht nach vorne beugt und den hinteren Fuß aufstellt, sodass die Ferse in die Luft ragt. Dadurch bilden die Wirbelsäule und das hintere Bein eine gerade Linie. Beim Ausatmen wird die Ferse des hinteren Fußes nach unten gedrückt, bis sie wieder den Boden berührt. Das Gewicht wird auf diesen Fuß verlagert und das Bein wird der Länge nach ausgiebig gestreckt. Beim nächsten Einatmen wird die Ferse wieder angehoben und das Gewicht verlagert sich auf den Fußballen und den vorderen Fuß. Diese Übung wiederholt das Kind einige Male in Ruhe, bevor das Bein gewechselt wird. Je weiter das hintere Bein nach hinten gestellt wird, desto intensiver die Dehnung.

Übrigens: Diese Übung unterstützt die Konzentrationsfähigkeit Ihres Kindes nicht nur, wenn es beim Erledigen der Hausaufgaben eine Pause macht. Sie können Sie auch optimal nach einer langen Autofahrt, Zugfahrt oder einem Flug durchführen, um den Körper des Kindes zu entspannen und es dadurch auch mental ausgeglichener zu machen. Nach langen Sitzperioden ist eine Lockerung der Beinmuskulatur sehr wichtig, besonders dann, wenn Ihr Kind in solchen Situationen zum Zappeln neigt.

4. Erden

Als nächstes widmen wir uns dem Beckenbereich. Denn beim langen Sitzen wird auch die Muskulatur der Hüfte auf Dauer beansprucht. Das Erden erhöht die Flexibilität und den Gleichgewichtssinn, außerdem lockert es Verspannungen und Hemmungen an den Hüftgelenken. Durch diese Hemmungen verkürzen sich Atemphasen und selbst im Stehen und Gehen verharren die Muskeln in der Sitzposition. Diese Bewegungsübung wirkt dem entgegen.

Das Kind steht aufrecht. Dann stellt es seine Beine ungefähr eine Beinlänge auseinander und stemmt seine Hände in die Hüften. Als nächstes werden der Kopf und der rechte Fuß nach rechts gedreht, während der linke Fuß weiter nach vorne zeigt. Der Rumpf und das Becken zeigen auch nach vorne. Der Kopf des Kindes, das gebeugte Knie und der Fuß des gebeugten Beins sind leicht zur Seite geneigt. Während das Knie bis zur Mitte des rechten Fußes gebeugt wird, wird langsam und gleichmäßig ausgeatmet. Beim Aufrichten wird eingeatmet. Diese Bewegung führt das Kind mindestens 3-mal durch, bevor zur anderen Seite gewechselt wird.

Alternativ kann das Erden auch zu zweit in einer Partnerübung gemacht werden. Dabei steht man Rücken an Rücken und Schulter an Schulter. Der Blick geht jeweils in die entgegengesetzte Richtung und die Füße berühren sich an den Fersen. Die Unterarme der Partner werden verschränkt, bevor das Erden wie beschrieben durchgeführt wird.

5. Schwerkraftgleiter

Wie das Erden wirkt auch der sogenannte Schwerkraftgleiter gegen einen verspannten Beckenbereich. Durch diese Übung wird die Auffassungsfähigkeit verbessert, besonders, weil die

Durchblutung angeregt wird.

Im ersten Schritt kreuzt das Kind die Fußgelenke. Dann beugt es seinen Oberkörper an der Hüfte nach unten, als würde es sich quasi einmal nach unten falten. Kopf, Rumpf und Arme hängen ganz locker Richtung Boden. Jetzt werden die Arme leicht hin- und hergeschaukelt, wie eine Weide im Wind. Dabei wird kräftig ein- und ausgeatmet. Ganz langsam richtet sich der Oberkörper wieder auf; Wirbel für Wirbel kommt das Kind wieder in eine ganz senkrechte Haltung, der Kopf hebt sich als letztes. Nach 3-maliger Wiederholung werden die Füße umgekehrt überkreuzt und der Schwerkraftgleiter wird noch ein paar Mal gemacht.

Diese Übung kann auch gut im Sitzen durchgeführt werden. Dafür sitzt das Kind entspannt auf einem Stuhl, streckt die Beine überkreuz aus und beugt sich langsam nach vorne. Die Arme sind dabei ebenfalls ausgestreckt, gleichzeitig wird ausgeatmet. Für ein paar volle Atemzüge wird in dieser Position verharrt, die Arme strecken sich so weit nach vorne, wie es noch angenehm ist. Wieder richtet sich das Kind langsam auf und atmet dabei ein, bis es sich wieder in der normalen Sitzposition befindet. Die Rückenmuskulatur, das Becken, die Arme und die Beine werden durch diese Übung wieder gut durchblutet und jede Müdigkeit verschwindet.

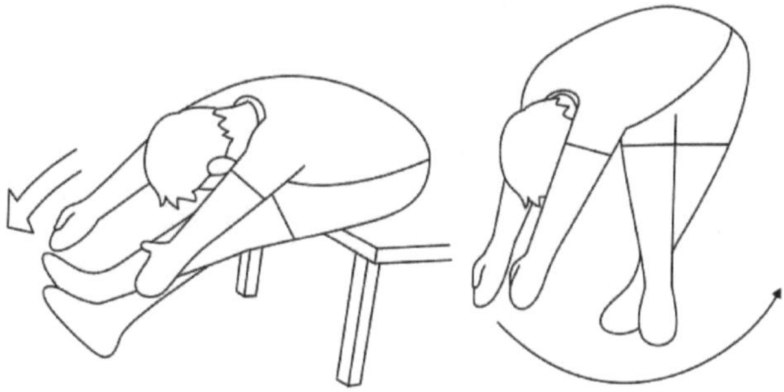

Energieübungen

Diese Energieübungen schaffen ein ausgeglichenes Verhältnis von Kognition und Emotion. Sie zielen auf Nervenzellen ab und verbessern das Gleichgewichtssystem, wodurch neue Energie ungehindert durch den Körper fließen kann. Da bei diesen Übungen keine große Bewegung im Spiel ist und sich das Kind vor allem auf seinen Atem konzentrieren muss, verbessert sich das Körpergefühl und innere Ruhe stellt sich ein.

6. Raumknöpfe

Die Übung Raumknöpfe stammt aus der Praktik der Akupunktur. Dabei werden die Punkte gezielt berührt, um den Fluss der Rückenmarksflüssigkeit zu fördern und das limbische System im Körper, welches unter anderem für Denken, Lernen und Erinnern zuständig ist, zu aktivieren.

Mit dem Zeige- und Mittelfinger einer Hand wird die Oberlippe berührt, die andere Hand wird ans Steißbein gelegt. An diesen Stellen wird nun leichter Druck ausgeübt, die Punkte können auch massiert werden. Nach 30 Sekunden werden die Hände gewechselt. Die ganze Zeit über wird tief ein- und ausgeatmet. Um die visuelle Flexibilität auch noch zu unterstützen, können während der Übung Augenbewegungen gemacht werden. Dabei geht der Blick hin und her oder beschreibt imaginäre Formen wie Kreise oder eine Acht. Durch diese Übung erhöht sich die Konzentration und das Körpergefühl, zudem wird das zentrale Nervensystem entspannt.

7. Erdknöpfe

Bei dieser Übung wird sich ebenfalls auf zwei bestimmte Punkte am Körper konzentriert. Zwei Finger einer Hand legen sich an den oberen Schambeinrand, direkt am Unterbauch. Mit zwei Fingern der anderen Hand wird der Bereich zwischen Unterlippe und Kinn berührt. Wieder wird regelmäßig ein- und ausgeatmet und nach 30 Sekunden wechseln sich die Hände ab. Die Punkte können fein massiert werden, mit den Augen können wieder Formen nachgegangen werden. Geistiger Müdigkeit wird mit dieser Übung entgegengewirkt.

8. Gehirnknöpfe

Als Muntermacher und Einschaltübung wird sich nun auf die Gehirnknöpfe fokussiert. Mit dem Daumen und zwei Fingern einer Hand werden zwei Punkte unterhalb des Schlüsselbeines massiert, an der kleinen Vertiefung rechts und links des Brustbeines. Die andere Hand massiert gleichzeitig den Bauchnabel. Denken Sie ans tiefe Atmen und an das Wechseln der Hände nach 30 Sekunden. Mit dieser Übung wird die Zusammenarbeit der Gehirnhälften angeregt und das Kind wird wachsamer. Sauerstoff gelangt leichter ins Gehirn und die Ausschüttung von Neurotransmittern wird reguliert.

Übungen für eine positive Einstellung

Diese Übungen für eine positive Einstellung machen einfach gute Laune und bringen neuen Schwung in die kleinen Körper, nachdem sie lange stillsitzen und sich konzentrieren mussten. So gut wie überall können die Ohrmassage oder das Energiegähnen gemacht werden, um wieder fit zu werden und schlechte Laune zu vertreiben.

9. Ohrmassage

Die Ohrmassage verbessert das Hörverständnis und regt die Durchblutung zum Gehirn an. Wer lange zuhören oder eine schwere Aufgabe lösen muss, tut sich mit ihr selbst einen Gefallen.

Mit der rechten Hand berührt das Kind sein rechtes Ohr, mit der linken Hand das linke Ohr. Mit Daumen und Zeigefinger werden die Ohren von innen nach außen gezogen und dann ausgestrichen. Der Daumen liegt dabei innen und der Zeigefinger außen, das Ohr wird sanft gezogen. Oben an der Ohrspitze wird mit einer leichten Massage begonnen, die das Ohr entlang nach unten weitergeführt wird. Das Ohrläppchen ist als letztes dran. Die Ohren werden nun leicht rot und warm, weil die Blutzirkulation angeregt wird. Insgesamt kann die Übung 4-5-mal wiederholt werden. Das Kind ist nun wacher und konzentrierter, Gehörtes kann besser aufgenommen und gemerkt werden.

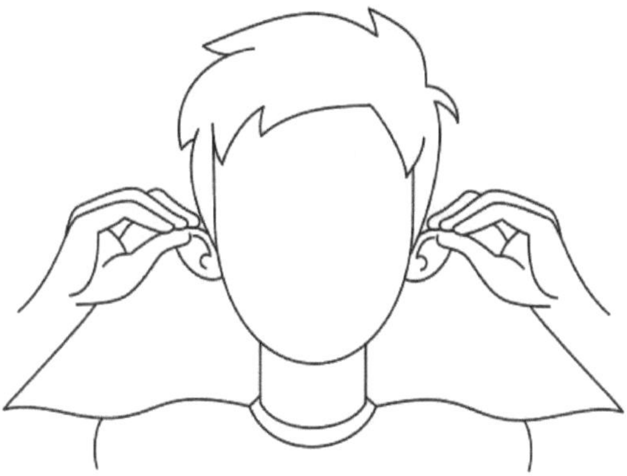

10. Energiegähnen

Das Energiegähnen ist ganz leicht: Das Kind gähnt und drückt dabei leicht mit den Fingerspitzen auf die angespannten Wangen. Das ausgiebige Gähnen wird von einem entspannten Ton begleitet. Mindestens 3-mal wird das Energiegähnen wiederholt. Dabei werden Verbindungen zwischen Nervenzellen im Gehirn aktiv, wodurch Energie schneller übermittelt wird. Außerdem lösen sich Verspannungen im Kiefer und die Entwicklung der Körpersprache wird gefördert.

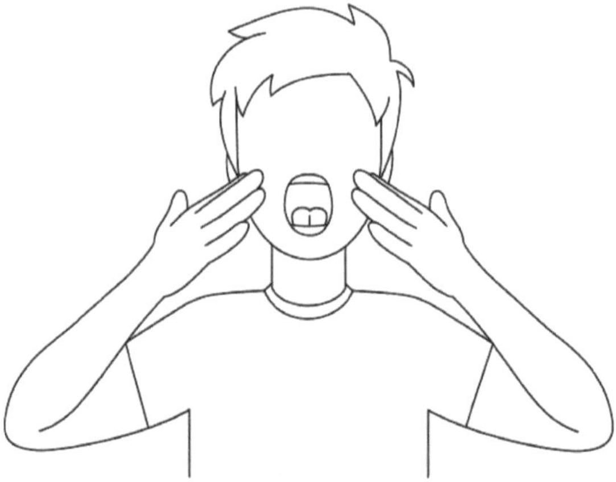

Mittellinienbewegungen

Das menschliche Gehirn ist in zwei Hälften unterteilt. Wenn wir die linke Körperseite in irgendeiner Weise betätigen, ist die rechte Gehirnhälfte aktiv. Umgekehrt arbeitet die linke Gehirnhälfte aktiv, wenn wir die rechte Körperseite betätigen. Maximale Konzentrations- und Lernfähigkeit ist garantiert, wenn beide Hälften zusammenarbeiten. Genau dieses Zusammenspiel wird mit den Mittellinienbewegungen gefördert.

11. Elefant

Das Kind steht locker mit schulterbreit geöffneten Füßen und schaut auf die gegenüberliegende Wand. An dieser stellt es sich nun eine liegende Acht vor. Der linke Arm wird nach vorne gestreckt, während das linke Ohr an die linke Schulter gelegt wird. Mit dem ausgestreckten Zeigefinger der linken Hand wird die Acht in der Luft nachgezeichnet, die Bewegung geht von der Taille aus. Das Kind atmet dabei tief ein und aus und hat den Blick über die Hand hinweg in die Ferne gerichtet. Die Bewegung wird 3-mal wiederholt, dann ist der andere Arm dran. Diese Übung ist nicht nur entspannend für den Nacken, sondern verbessert auch das Hören und regt die Zusammenarbeit der Gehirnhälften an.

12. Überkreuzbewegung

Das Kind marschiert auf der Stelle und berührt dabei mit der rechten Hand das gegenüberliegende Knie, mit der linken Hand ebenso. Die abwechselnde Bewegung wird im Atemrhythmus durchgeführt: Beim Ausatmen werden Hand und Knie zusammengeführt, beim Einatmen auseinanderbewegt. Die Überkreuzbewegung ist besonders effektiv, weil hier visuelle, auditive und bewegungskoordinierende Fähigkeiten von beiden Gehirnhälften abgestimmt werden müssen. Das trainiert unter anderem das Erinnerungsvermögen, das Schreiben, Lesen und Zuhören. Alternativ kann diese Übung auch im Sitzen gemacht werden.

Die 30 lustigsten Konzentrationsübungen und -spiele für zuhause

Diese 30 Übungen zur Steigerung der Konzentration können zuhause durchgeführt werden und machen riesigen Spaß. Ihr Kind wird sie nicht als Aufgaben, sondern als spannende Spiele wahrnehmen und sich leicht für sie begeistern lassen. Bei fast jeder Alltagssituation bietet sich die Gelegenheit für ein kleines Spiel, das die grauen Zellen anregt!

1. Acht zeichnen

Das Kind bekommt ein leeres Blatt Papier im Querformat vor sich gelegt. Auf die Fläche wird nun eine große liegende Acht gemalt. Diese Form wird mindestens 20-mal immer wieder nachgemalt, wobei das Kind versuchen sollte, den Schwung beizubehalten und den Stift nicht abzusetzen. Dadurch wird die Zusammenarbeit beider Gehirnhälften angeregt.

2. Schulweg beschreiben

Jedes Kind hat einen Schulweg – ob es ganz zu Fuß läuft, den Bus nimmt oder gefahren wird. Geben Sie Ihrem Kind Zettel und Stift und fordern Sie es dazu auf, ein paar Minuten über den eigenen Schulweg nachzudenken. Das Kind soll sich den Weg genau vorstellen und dann beschreiben, so dass ein Fremder den

Weg verstehen könnte. Ermutigen Sie das Kind dazu, besondere Merkmale wie Kreuzungen, auffallende Gebäude oder Ampeln zu erwähnen. Das schult das Erinnerungsvermögen und die Schreibfähigkeit.

3. Momentaufnahme

Das Kind stellt sich vor eine Wand und sieht sie sich eine Minute genau an. Dabei soll es alle visuellen Reize aufnehmen und sich die Wand gut einprägen. Dann schließt es kurz die Augen und dreht sich von der Wand weg. Jetzt soll es versuchen, die Wand so zu zeichnen, wie es sie in seinem Kopf abgespeichert hat. Am besten beginnt es mit den markantesten Stellen, wie einem Fenster, einer Tür oder einem Bild. Etwas schwieriger wird die Übung, wenn keine Wand, sondern der Ausblick aus einem Fenster aus dem Gedächtnis nachgezeichnet werden soll.

4. Stilles Hören

Bei dieser Übung wird das Kind gebeten, drei Minuten komplett still zu sein und sich auf die Geräusche um es herum zu konzentrieren. Auf einem Blatt Papier soll es jedes einzelne Geräusch aufschreiben, dass es identifizieren kann. Der Hörsinn und die Konzentration werden dadurch stark gefordert. Je lauter die Umgebung, etwa an einer Straße oder in der Nähe einer Schule, desto schwieriger ist das stille Hören.

5. Bild nach Anweisung

Lesen Sie Ihrem Kind den folgenden kurzen Text vor und bitten Sie es, nach Ihren Anweisungen ein Bild zu malen: Links oben ist die Sonne zu sehen. Auf dem Bild gibt es eine grüne Wiese mit 10 bunten Blumen und einem Busch. Am rechten Rand des Bildes steht ein Baum mit runden Kirschen. Im Baum sitzen zwei Vögel. Auf der Wiese stehen zwei flauschige Schafe.

6. Bild nach Anweisung 2

Lesen Sie Ihrem Kind den folgenden Text vor und bitten Sie es, nach Ihren Anweisungen ein Bild zu malen: Zeichne in die Mitte des Papiers ein Quadrat und darauf ein Dreieck, wodurch du ein Haus bekommst. Die Eingangstür im Erdgeschoss hat eine Klingel und einen Türgriff auf der rechten Seite. Neben der Tür gibt es ein kleines Fenster. Im ersten Stock gibt es drei Fenster. Im linken Fenster steht eine Vase mit Blumen, im rechten Fenster steht ein Mensch mit einem lächelnden Gesicht. Im Fenster in der Mitte gibt es grün-blaue Vorhänge.

7. Münzspiel

Für das Münzspiel legen Sie vor Ihr Kind drei umgekehrte Tassen auf den Tisch, die allesamt gleich aussehen. Unter eine der Tassen legen Sie eine Münze, Ihr Kind schaut dabei zu. Wie ein Hütchenspieler wechseln Sie nun die Positionen der Tassen und fragen Ihr Kind, unter welcher von ihnen sich die Münze befindet. Dabei muss sich das Kind die Tasse mit der Münze genau merken und sich auf die Bewegungen konzentrieren. Je schneller und öfter Sie die Tassen vertauschen, desto schwieriger wird es, der Münze zu folgen.

8. Basketball

Diese Übung ist eine leichte Form von Basketball und kann in der Wohnung durchgeführt werden. Stellen Sie einfach einen Papierkorb auf und geben Sie Ihrem Kind einen kleinen, weichen Ball oder eine Papierkugel, die es in den Korb werfen soll. Dabei muss es sich auf das Ziel konzentrieren und Feinmotorik beweisen. Das Spiel wird schwieriger, je weiter Sie den Papierkorb wegstellen.

9. Geschichte aus Bildern

Bei dieser Übung werden das kreative Denken und die Konzentration gleichermaßen gefördert. Legen Sie vor Ihr Kind auf einem Tisch mehrere Bilder mit einzelnen Gegenständen, Menschen oder Tieren aus. Die Bilder können ganz unterschiedlich sein - ein Baum, eine Sonne, ein Stift, ein Briefkasten, ein Auto. Das Kind soll dann eine Geschichte erzählen, in der alle Motive aus den Bildern enthalten sind. Sogar noch sehr junge Kinder, die noch nicht schreiben können, können so ihrer Fantasie freien Lauf lassen. Zusätzlich bilden sie so ihr Vokabular aus und verbessern ihren Sinn für Grammatik.

Alternativ kann eine Geschichte aus Bildern auch gemeinsam erzählt werden. Eine Person wählt ein Bild aus und beginnt die Geschichte mit dem Motiv, das auf diesem abgebildet ist. Die zweite Person setzt diese Geschichte mit dem Motiv eines weiteren Bildes fort und immer so weiter. Das Spiel endet erst, wenn alle Bilder in die Geschichte Einzug gefunden haben.

10. Einprägen

Diese Übung kann eine echte Herausforderung sein, und dass nicht nur für Kinder! Drucken Sie ein Blatt Papier aus, auf dem mehrere Motive nebeneinanderstehen. Ihr Kind sollte alle Gegenstände kennen, es kann sich auch um Wörter oder Zahlen handeln. Legen Sie das Blatt vor Ihr Kind und geben Sie ihm einige Minuten, in denen es versucht, sich die Motive so gut es geht einzuprägen. Dann drehen Sie das Blatt um, sodass die Motive nicht mehr sichtbar sind. Das Kind soll sich dann an alle Motive erinnern, am besten auch noch an die Stelle, auf der sie sich befinden.

11. Simon says

Vielleicht kennen Sie das Spiel „Simon says“, auf Deutsch „Simon sagt“. Dabei muss sich das Kind konzentrieren, Informationen schnell verarbeiten und Anweisungen befolgen. Ein Spieler übernimmt die Rolle des Simons: Er muss den anderen Spielern Anweisungen geben. Die anderen Spieler müssen diesen Anweisungen dann nachkommen. Der Satz beginnt stets mit „Simon sagt“ und geht weiter mit einer Aufforderung, wie z.B. „Simon sagt, lauft im Kreis!“ und alle müssen im Kreis laufen. Wenn Simon vor einer Anweisung nicht „Simon sagt“ sagt, müssen die Spieler diese nicht ausführen. Der Trick dabei ist, genau darauf zu achten, ob Simon also zuvor „Simon sagt“ sagt oder nicht.

12. Eine Minute

Bei einer Übung einen Zeitrahmen vorzugeben, spornt Kinder an und fordert sie dazu auf, all ihren Fokus für den Moment auf die Aufgabe zu richten. Wenn Sie Ihrem Kind eine Art Challenge geben, indem Sie ihm eine Aufgabe vorgeben, die es in nur einer Minute erledigen soll, erhöht sich die Konzentrationsfähigkeit und Aufmerksamkeit enorm. Am besten formulieren Sie die Aufgabe als eine Frage, wodurch die Motivation des Kindes angeregt wird. Sie können z.B. viele kleine Bälle in einem Zimmer verteilen, an den unterschiedlichsten Stellen, und das Kind dann fragen, wie viele Bälle es in einer Minute aufnehmen kann. Dann starten Sie einen Timer, stoppen, wenn die Minute um ist, und lassen das Kind die aufgesammelten Bälle zählen. In dieser Manier können Sie viele Ideen für ein Ein-Minuten-Spiel entwickeln. Wie viele Tiere kann das Kind in einer Minute nennen? Wie viele Zeilen kann es in einer Minute lesen? Wie viele Wörter kann es in einer Minute schreiben, wie viele Mathematikaufgaben kann es in einer Minute lösen?

13. Zungenbrecher

Jeder kennt wohl mindestens einen oder zwei Zungenbrecher, die selbst Erwachsenen das Sprechen schwer machen können. Zungenbrecher sind eine tolle Art, die Artikulation, Konzentration und Sprachfähigkeit des Kindes zu verbessern. Schreiben Sie ein paar Zungenbrecher auf ein Blatt und geben Sie es Ihrem Kind zum lauten Vorlesen. Lassen Sie es die Zungenbrecher mehrmals und immer schneller vorlesen. Machen Sie dabei mit und versuchen Sie ebenfalls, die Sätze so schnell und korrekt wie möglich aufzusagen. Das macht nicht nur Spaß, es zeigt dem Kind auch, dass selbst Erwachsene mit Zungenbrechern Schwierigkeiten haben. Hier ein paar Beispiele für die Sprachakrobatik:

„Zwanzig zerquetschte Zwetschgen und zwanzig zerquetschte Zwetschgen sind vierzig zerquetschte Zwetschgen."

„Wenn Fliegen hinter Fliegen fliegen, fliegen Fliegen Fliegen nach."

„Teigwaren heißen Teigwaren, weil Teigwaren Teig waren."

„Thomas trank tausend Tropfen Tee, tausend Tropfen Tee trank Thomas."

„Acht alte Ameisen aßen am Abend Ananas."

„Blaukraut bleibt Blaukraut und Brautkleid bleibt Brautkleid."

14. Spiele mit Buchstaben

Buchstaben-Spiele können Kinder sehr lange beschäftigen und verlangen, dass sie ihre visuellen Sinnesreize fokussieren. Sie können Ihrem Kind einen kopierten Text vorlegen und es dann bitten, diesen Text zu bearbeiten. Der Text kann aus einem Schulbuch stammen, aus Zeitungen, Zeitschriften etc., Hauptsache, der Text ist gut zu lesen. Die gewünschte Bearbeitung kann unterschiedlich aussehen, z.B.: „Kreise alle h's ein", „Zähle, wie oft das Wort ‚die' vorkommt" oder „Male alle r's grün an". Sie können Ihr Kind rückwärts zählen oder es ein paar Wörter rückwärts buchstabieren lassen. Selbst mit einem kurzen Text kann schon viel angestellt werden.

15. Ich sehe was, was du nicht siehst

Ein weiteres bekanntes Spiel, dass Vorstellungskraft und Konzentration erfordert. Jeder der Spieler denkt an etwas, dass er im Zimmer sieht und beschreibt den Gegenstand dann: „Ich sehe was, was du nicht siehst und das ist gelb.“ Es können zusätzliche Tipps gegeben werden wie die Form oder die Funktion des Gegenstandes. Wer von den anderen Spielern als erstes den Gegenstand errät, sucht sich selbst einen aus. Es kann auch ein Motiv aus einem Bilderbuch gewählt werden, kleineren Kindern fällt das Spiel dann leichter.

16. Kim-Spiele

Bei Kim-Spielen geht es um das Merken von Gegenständen. Diese Aufgabe ist so ähnlich wie Übung Nummer 10, aber etwas plastischer. Sie legen mehrere kleine Gegenstände wie Murmeln, Stifte, Münzen oder Haarbürsten auf einen ansonsten blanken Tisch und bedecken sie dann mit einem Handtuch. Ändern Sie die Gegenstände und verkürzen Sie die Zeit, in der sich das Kind die Gegenstände einprägen soll, um die Übung schwieriger zu machen. Das Erinnerungsvermögen Ihres Kindes wird dadurch nachhaltig verbessert.

Sie können die Gegenstände auch in einen Stoffbeutel legen und das Kind nach ihnen fühlen lassen. Es soll dann erraten, um welche Gegenstände es sich handelt. Neben Seh- und Tastsinn kann auch der Geruchssinn auf die Probe gestellt werden, indem

Sie Ihr Kind Obst oder Gewürze erraten lassen.

17. Fantasietier malen

Für dieses Spiel nehmen Sie ein Blatt Papier und einen Stift zur Hand. Als erstes falten Sie das Blatt einmal in der Mitte. Dort wird markiert, wo sich der mittlere Teil eines Fantasietieres befindet. Der erste Spieler malt dann auf eine Seite des gefalteten Stück Papiers die erste Hälfte eines Tieres – beispielsweise eine Katze, eine Giraffe oder eine Maus. Der andere Spieler darf diese Hälfte nicht sehen. Er bekommt dann die gefaltete Rückseite und malt jetzt die andere Hälfte des Tieres, ohne die vordere zu kennen. Dadurch entsteht ein Fantasietier! Das Blatt Papier kann sogar in noch mehr Bereiche unterteilt werden, wobei bis auf einen alle anderen verdeckt werden, wenn ein Spieler malt.

18. Der Rücken als Leinwand

Auch ein Rücken kann genutzt werden, um zu zeichnen – ganz ohne Stift. Das Kind sitzt mit dem Rücken zu Ihnen vor Ihnen und Sie malen langsam eine Form auf den Rücken des Kindes. Es muss dann erraten, um was es sich handelt. Sie können auch Wörter auf dem Rücken buchstabieren. Danach ist Ihr Kind an der Reihe und malt auf Ihren Rücken. Die Formen sollten recht simpel sein, damit sie selbst wiederzuerkennen sind. Hier ein paar Ideen:

Dreieck – Haus – Schlange – Baum – Zahlen – Kreis – Sonne – Blume – Tisch - Auto

19. So sollst du aufstehen!

Diese Übung fordert Teamgeist und Fokus. Der erste Spieler legt sich auf den Boden, der zweite prägt sich seine Position gut ein. Dann bekommt er die Augen verbunden und wendet sich ab. Er muss nun beschreiben, wie der erste Spieler aufstehen soll. Er versucht, jede kleinste Bewegung vorzugeben. Er könnte anfangen mit: „Stelle deinen linken Fuß mit der Sohle auf den Boden." Der liegende Spieler macht nur die Bewegungen, die der andere vorgibt. Das Spiel ist zu Ende, wenn der Spieler erfolgreich aufgestanden ist. Dann tauschen die Spieler ihre Rollen. Diese Übung hört sich leicht an, ist aber schwieriger als gedacht. Denn während der liegende Spieler die Anweisungen genau befolgen muss und sich ansonsten nicht bewegen darf, muss sich der andere bildlich vorstellen, wie die Aufstehbewegung im Einzelnen am besten vor sich geht. Die Übung wird schwieriger, wenn ein Zeitrahmen vorgegeben wird.

20. Handsalat

Bei der Übung Handsalat machen am besten so viele Leute mit, wie möglich. Einer Person werden die Augen verbunden. Er wird an einen Tisch gesetzt, auf dem weitere Spieler ihre Hände liegen haben. Sie haben sie aber nicht gerade vor sich liegen, sondern durcheinander und drunter und drüber. Der „blinde" Spieler muss nun durch Tasten die Hände einander zuordnen. Dabei darf er den Mitspielern nur bis an die Handgelenke fassen. Je mehr Leute mitmachen, desto schwieriger und lustiger wird es.

21. Hast du aufgepasst?

Lesen Sie Ihrem Kind die folgende kleine Geschichte vor und bitten Sie es davor, genau zuzuhören und sich zu konzentrieren. Eventuell können Sie die Geschichte auch zwei Mal vorlesen. Nach dem Vorlesen soll Ihr Kind einige Fragen zur Geschichte beantworten, die testen, ob es sich alles gut einprägen konnte.

Luise Kempf wurde 1995 in Hamburg geboren. Als kleines Mädchen begeisterte sie sich schon für Tiere. Sie kümmerte sich gerne um den Familienhund Rex und die Familienkatze Bella. Im großen Garten ihrer Eltern ging sie auf die Suche nach Vögeln und Eichhörnchen, die sie beobachten konnte. Auch Käfer und Schnecken faszinierten sie sehr. Wenn sie mit ihren Eltern Ausflüge in den Zoo machte, freute sie sich immer am meisten über die Pinguine, weil sie gerne schwammen, wie sie selbst auch. In der Schule hatte Luise sehr gute Noten im Fach Biologie, denn im Unterricht ging es oft um Tiere. Schon in der vierten Klasse beschloss Luise, sich auch im Berufsleben ihren geliebten Tieren zu widmen. Nach dem Abitur studierte sie Tiermedizin und begann bald, als junge Tierärztin Tieren in Not zu helfen.

Fragen zur Geschichte:

1. Wie heißt der Hund des Mädchens?
2. Welche Tiere hat Luise im Garten beobachtet?
3. Wieso mochte Luise Pinguine im Zoo am meisten?
4. In welchem Jahr wurde Luise geboren?
5. Wo wurde Luise geboren?
6. Was ist Luises Nachname?

7. In welcher Klasse beschloss Luise, einem Beruf mit Tieren nachzugehen?

22. Noch ein Hölzchen

Bei dieser Übung sind Feinmotorik und Ruhe gefragt. Stellen Sie eine Flasche auf den Boden zwischen sich und Ihr Kind und, optional, weitere Mitspieler. Zuerst legen Sie ein Streichholz auf den Flaschenkopf, dann Ihr Kind und die anderen Mitspieler. Reihum versucht jeder, ein weiteres Streichholz zu stapeln. Der Platz auf dem Kopf der Flasche wird immer knapper, es wird also mit jeder Runde schwieriger. Wessen Hölzchen als erstes runterfällt, hat das Spiel verloren und darf die nächste Runde beginnen.

23. Den Weg finden

Bei dieser Übung werden die Erinnerungsfähigkeit, das Gehör und die Konzentration trainiert. Es ähnelt etwas dem Spiel „Blinde Kuh“: Dem Kind wird auf einer größeren Fläche wie einer Wiese oder einem Garten ein Ziel gezeigt, dass sich etwa 30 bis 40 Meter von ihm entfernt. Es kann sich um einen Baum, einen Zaun, ein Straßenschild oder eine Bank handeln. Das Kind soll sich den Weg bis zu diesem Ziel gut einprägen. Dann werden ihm die Augen verbunden. Jetzt wird die Zeit gestoppt, um zu sehen, wie lange das Kind bis zum Zielpunkt braucht. Dabei darf das Kind nicht aus den Augen gelassen werden, damit es sich nicht aus Versehen verletzt. Das Gelände für das Spiel sollte dem Alter des Kindes angepasst werden. Wenn das Kind unsicher wird oder das Ziel verfehlt, können Sie ihm kleine Hilfestellungen geben. Je nach dem, in welcher Richtung das Kind steht, können Sie beispielsweise „warm“ sagen, wenn es hin zum Ziel steht, oder „kalt“, wenn es sich vom Ziel wegbewegt. Das Spiel kann auch in der Wohnung gespielt werden, dann muss das Kind blind durch mehrere Zimmer gehen.

24. Mach den Satz länger

Spieler Nummer eins nennt ein Wort, welches den Anfang eines Satzes darstellt. Der zweite Spieler wiederholt das Wort und hängt noch eines dran, der dritte Spieler wiederholt die beiden ersten Worte und hängt seines daran. So geht es reihum weiter, wie z.B.: „Der … Der Briefträger … Der Briefträger rennt … Der Briefträger rennt über …“ Es soll ein sinnvoll konstruierter Satz entstehen, der jedes Mal erweitert wird. Wer als erster Mitspieler den Satz nicht mehr verlängern kann, scheidet aus. Die anderen Mitspieler können weitermachen, bis nur noch eine Person übrig ist und gewonnen hat. Bei Kindern wird dadurch neben der Konzentration die Grammatik und der Wortschatz verbessert.

25. Aufpassen

Für dieses Spiel braucht es Sie als Spielleiter und mehrere Kinder, die mitmachen. Legen Sie auf einen Tisch 10 bis 15 verschiedene Gegenstände. Nun erzählen Sie eine Geschichte, in der alle paar Sätze einer der vor den Kindern liegenden Gegenstände vorkommt. Sobald ein Gegenstand genannt wird, müssen die Kinder versuchen, so schnell wie möglich nach dem Gegenstand zu greifen. Dasjenige Kind, das ihn zuerst mit der Hand berührt hat, bekommt einen Punkt. Der Gegenstand bleibt jedoch auf dem Tisch liegen. So geht es weiter, bis die Geschichte zu Ende erzählt und alle Gegenstände mindestens einmal berührt wurden. Wer die Hand ausstreckt und den falschen Gegenstand anfasst, bekommt einen Punkt abgezogen. Das Kind mit den meisten Punkten hat am Ende gewonnen. Reflexe und Konzentration sind bei diesem Spiel sehr wichtig, darüber hinaus sind Lacher garantiert.

26. Körner sortieren

Für diese Übung benötigen Sie 10 Reiskörner, Linsen, Erbsen, Bohnen und Maiskörner, oder andere Körner, die Sie zu Hause haben. Setzen Sie dann Ihr Kind an den Tisch, verbinden Sie ihm die Augen und lassen Sie es die Körner auseinander sortieren. Es muss sich dabei ganz auf seinen Tastsinn konzentrieren und sich merken, wo es welche Kornsorten hinlegt. Sie können die Schwierigkeit der Übung erhöhen, indem Sie den Zeitrahmen einer Minute vorgeben.

27. Mit den Füßen schreiben

Kindern wird beigebracht, mit ihrer dominanten Hand zu schreiben. Irgendwann sind die Schreibbewegungen so vertraut, dass sich das Kind immer weniger beim Schreiben konzentrieren muss. Ganz anders verhält es sich, wenn es mit der nicht-dominanten Hand schreiben muss. Geben Sie Ihrem Kind einen Text, den es mit der linken Hand kopieren soll, wenn es Rechtshänder ist, bzw.

mit der Rechten, wenn es Linkshänder ist. Oder: Lassen Sie Ihr Kind mit den Füßen schreiben, etwa auf dem Spielplatz in den Sand. Diese Art zu Schreiben ist ungewohnt und verlangt, dass das Kind entgegen dem bekannten Bewegungsablauf vorgeht, wofür einiges an Konzentration erforderlich ist.

28. Fingerspiel

Diese kleine Konzentrationsübung für zwischendurch ist für Kinder schwieriger als gedacht. Das Kind legt einen seiner Daumen an den Zeigefinger der gleichen Hand. Mit den beiden zusammengelegten Fingern tippt es dann der Reihe nach alle anderen Finger an und dann die Reihe wieder zurück. Machen Sie das Fingerspiel als erstes vor und lassen Sie es von Ihrem Kind anschließend erst an der einen, dann an der anderen Hand durchführen. Kann es die Bewegung mit beiden Händen gleichzeitig machen?

29. Symbole und Fotos erkennen

Erstellen Sie ein Arbeitsblatt für das Kind, auf dem viele kleine, unterschiedliche Symbole oder Fotos abgebildet sind. Es bietet sich an, verschiedene Tierfotos zu wählen. Bitten Sie das Kind nun, alle Vögel auf dem Blatt einzukreisen. Dann geht es weiter mit Raubtieren, Fischen und anderen Tierarten. Besonders junge Kinder finden an dieser Aufgabe Spaß und konzentrieren sich spielerisch. Das Arbeitsblatt kann andere Themenfelder wie Verkehrsmittel, Lebensmittel, Pflanzen oder Möbel abdecken.

30. Über Kreuz denken

Über-Kreuz-Übungen unterstützen die Gehirnhälften dabei, effektiv zusammenzuarbeiten. Ohne viel Denkkraft aufbringen zu müssen, hilft diese Massage: Das Kind massiert mit dem linken Daumen und Zeigefinger sein rechtes Ohrläppchen und dann umgekehrt das linke Ohrläppchen mit dem rechten Daumen und Zeigefinger. Das vertreibt Müdigkeit und hilft bei längeren Konzentrationsperioden.

Die 10 effektivsten Übungen für unterwegs oder im Auto

Das Auto ist ein Ort, an dem sich Kinder schnell langweilen oder anfangen zu quengeln. Sie sind in ihrer Bewegungsfreiheit eingeschränkt und können sich nicht mit viel beschäftigen. Wieso die Zeit einer langen Autofahrt also nicht nutzen, um ein paar effektive Konzentrationsübungen mit den Kleinen zu machen? Oder wenn Sie mit Ihren Kindern zu Fuß unterwegs sind. Das vertreibt Langeweile und schlechte Laune, hält aktiv und trainiert die Konzentrationsfähigkeit der Kinder.

1. Gegenstände beschreiben

Derjenige Spieler, der gerade dran ist, stellt sich einen Gegenstand genau vor und beschreibt ihn. Er beschreibt die Farbe, Form, Oberfläche und so weiter. Wer von den anderen Mitspielern den Gegenstand als Erstes errät, ist als Nächster dran. Dieses Spiel fördert die Konzentration, weil das Kind sich den Gegenstand im Detail vorstellen und so beschreiben muss, dass er erraten werden kann. Optional kann vor dem Spiel ein Bereich für die Wahl des Gegenstands bestimmt werden, Kategorien wie Pflanzen, Tiere, Dinge im Haus, Dinge in der Schule etc. bieten sich an. Kleineren Kindern fällt das Spielen dann leichter.

2. Balanceakt

Für diese Übung benötigen Sie einen eckigen Gegenstand. Er sollte so klein sein, dass er auf den Handrücken des Kindes passt, aber auch nicht zu stabil dort sitzt. Der Gegenstand wird auf den Handrücken Ihres Kindes gelegt. Nun geben Sie Anweisungen: Nach oben, nach unten, nach rechts, nach links, schneller und so weiter. Der Balanceakt fordert Ausdauer, Fokus, Geschick und Gleichgewichtssinn vom Kind. Es muss sich ganz auf den Gegenstand konzentrieren und seine Bewegungen schnell anpassen, um der Aufforderung nachzukommen. Noch schwieriger wird es, wenn Ihr Kind den Gegenstand auf dem Finger balancieren soll.

3. Koffer packen

Der Klassiker unter den Kinderspielen: Das Kofferpacken. Der erste Spieler beginnt damit zu sagen: „Ich packe meinen Koffer mit einer Haarbürste." Der zweite Spieler antwortet mit „Ich packe meinen Koffer mit einer Haarbürste und einer Jacke." So geht es immer weiter, bis einer der Spieler sich nicht mehr alle Gegenstände merken kann. Etwas leichter wird das Spiel, wenn ab und zu außergewöhnliche Gegenstände wie ein Motorrad oder eine Giraffe in den imaginären Koffer gepackt werden. Diese können sich Kinder leichter merken.

4. Wörter zählen

Für das Wörterzählen wählen Sie eine Geschichte oder ein paar Lieder aus, die Sie im Auto gemeinsam mit den Kindern hören. Bevor es losgeht, einigen Sie sich mit den Kindern auf ein Wort, das gezählt werden soll. Jedes Mal, wenn das Wort in der Geschichte oder dem Lied fällt, wird es zur imaginären Strichliste hinzugefügt. Jeder zählt die Wiederholungen für sich allein im Kopf und am Ende wird verglichen. Die Kinder müssen sich also über einen längeren Zeitraum genau auf die Worte konzentrieren und die Zahl im Kopf behalten.

5. Geschichte erfinden

Diese Übung regt die Fantasie an und trainiert gleichzeitig die Konzentrationsfähigkeit. Sie starten damit, einen einfachen Einleitungssatz vorzugeben. So etwas wie: „Eine Frau geht eines Morgens mit ihrem Hund zur Post und …“ Jetzt ist das Kind an der Reihe. Jeder Spieler muss abwechselnd einen Satz hinzufügen, sodass eine einigermaßen sinnvolle Geschichte entsteht. Sie müssen aber nicht unbedingt eine zusammenhängende Geschichte erzählen, es kann auch eine Fantasiereise werden oder eine Familienunternehmung. Am meisten Spaß macht es, wenn sich die ganze Familie am Spiel beteiligt.

6. Liegende Acht

Im Sitzen soll das Kind mit einem Finger eine große liegende Acht in der Luft zeichnen. Geben Sie vor, dass es dies für genau eine Minute machen soll. Durch das Konzentrieren auf die Überkreuzbewegung werden beide Gehirnhälften zum zusammenarbeiten angeregt. Der Schwierigkeitsgrad wird erhöht, wenn das Kind währenddessen die 60 Sekunden im Kopf zählen soll.

7. Schritte zählen

Wenn Sie mit Ihrem Kind zu Fuß unterwegs sind, können Sie gemeinsam Schritte zählen. Zu Anfang geben Sie dem Kind die Anweisung, ungefähr eine Minute die gemachten Schritte zu zählen. Währenddessen zählen Sie ebenfalls, sodass die Zahlen am Ende verglichen werden können. Um das Kind zu motivieren, muss es einen gesetzten Rahmen fürs Zählen geben; eine Minutenanzahl oder eine bestimmte Entfernung. Noch schwieriger wird das Zählen der Schritte, wenn Sie und Ihr Kind sich dabei unterhalten.

8. Aufmerksamkeit verbessern

Zu Anfang dieses Buches wurde Ihnen erklärt, dass wir Menschen Filtersysteme im Gehirn haben, die es uns ermöglichen, uns auf etwas zu konzentrieren und dennoch unsere Umgebung noch gut genug wahrnehmen zu können. Dadurch können wir z.B. mit jemandem reden und dann plötzlich aufhorchen, wenn zwei Tische weiter unser Name fällt. Um die Filtersysteme zu trainieren und damit die Konzentration zu fördern ist es deswegen ratsam, die Wahrnehmung zu schulen. Ermuntern Sie Ihr Kind dazu, seine Umgebung aufmerksam mit allen Sinnen zu erfassen. Atmen sie gemeinsam tief ein und aus, bewegen Sie sich mit dem Kind, laufen Sie barfuß mit ihm, lassen Sie das Kind

Baumrinde unter seinen Fingern spüren oder Blumen riechen. Diese Auseinandersetzung mit der eigenen Umgebung verbessert nachhaltig die Aufmerksamkeit der Kinder.

9. Balancieren

Eine weitere Aufgabe, bei der das Balancieren ins Spiel kommt. Fast überall gibt es Möglichkeiten, auf Flächen zu balancieren. Ein umgestürzter Baum im Wald, eine niedrige Mauer oder einfach eine Linie auf dem Boden. Beim Balancieren muss sich das Kind auf seinen Gleichgewichtssinn verlassen und sich darauf konzentrieren, nicht zu fallen. Reichen Sie dem Kind wenn nötig eine helfende Hand oder strecken Sie sie zumindest aus, um Sicherheit zu garantieren.

10. Steinen ausweichen

Passend zum Balanceakt: Auf vielen Wegen gibt es Fugen oder unterschiedlich gefärbte Pflastersteine, die jedes Kind dazu einladen, entweder auf den Fugen zu balancieren oder nur auf bestimmten Steinen zu laufen. Daraus können Sie ein Spiel machen. Einigen Sie sich mit Ihrem Kind auf Regeln, also auf eine Farbe oder einen Stein, dem ausgewichen werden soll. Dazu geben Sie noch ein Ziel vor wie die nächste Kreuzung oder die nächste Parkbank. Alternativ kann einfach so lange gespielt werden, bis eine Person einen Fehler macht. Bei dieser Übung werden die Konzentration und der Gleichgewichtssinn gefördert, außerdem macht sie jeden Weg spaßiger!

Warum Entspannung essenziell ist für gute Konzentration und wie Sie zu optimaler Entspannung Ihres Kindes beitragen

Vor tausenden von Jahren war der Mensch vor allem auf eines angewiesen: Seine eigenen Körperreaktionen. Wenn Gefahr drohte, musste er innerhalb von Sekunden reagieren und sich in den „Fight or Flight"-Modus bringen, um für alles gewappnet zu sein. Dann wurden in seinem Körper die drei Hormone Adrenalin, Dopamin und Cortisol ausgeschüttet, wodurch er agil wurde und sich seine Reflexe verbesserten. Nur dank dieses Mechanismus konnte unsere Spezies so gut überleben.

Heute müssen wir zwar nicht mehr vor Säbelzahntigern davonrennen, die biologische Reaktion ist uns aber geblieben. Kurzzeitig ist sie nach wie vor sinnvoll, denn wenn Gefahr droht, müssen wir angespannt sein. Doch sind wir dauerhaft Stress ausgesetzt, nimmt unser Körper also vermehrt Gefahrimpulse wahr, sind wir unter ständiger Anspannung, die uns sehr belastet. Bei Erwachsenen führt langanhaltender Stress und fehlende Entspannung zu Burn-Outs und Depressionen. Kinder sind Stress aber ebenso ausgesetzt, vor allem, wenn es um die Schule geht. Stress kann sich durch einige körperliche Symptome wie chronische Erschöpfung, Gereiztheit, Kopfschmerzen und Ähnliches äußern. Die Konzentrationsfähigkeit des Kindes sinkt, es hat allgemein weniger Energie und kommt schwer zur Ruhe. Gestresste Kinder sind nicht nur leistungsschwächer, sie sind vor allem unglücklich und können ihren Missmut womöglich nicht einmal kommunizieren.

Nicht jeder reagiert auf Stress gleich, und so gibt es mehrere Anzeichen dafür, dass Ihr Kind dringend Ruhe und Entspannung braucht. Ein häufiges Anzeichen ist auffällige Unruhe, die über den normalen Bewegungsdrang hinausgeht. Das Kind zappelt viel herum, kann nicht gut stillsitzen und sich nur wenige Minuten auf etwas konzentrieren. Andere gestresste Kinder haben oft Kopf- oder Bauchschmerzen. Besonders Bauchschmerzen gehen oft mit Stress einher; da der angespannte Körper unterbewusst im Gefahren-Modus ist, werden für den Moment als unwichtig empfundene Körperfunktionen wie die Verdauung heruntergefahren. Wer vor einem gefährlichen Tier wegrennen muss, braucht gerade keinen einwandfrei funktionierenden Darmtrakt. Durch den Stress befindet sich das Kind länger in diesem Modus, was zu Verdauungsproblemen und Schmerzen führt. Aus dem gleichen Grund hat das Kind vielleicht auch keinen großen Appetit und tut sich beim Essen schwer. Es bleibt unruhig und kann sich auf die Mahlzeit nicht konzentrieren. Erst im entspannten Zustand können die Körperfunktionen wie Essen und Verdauen wieder normal ablaufen.

Ein weiteres Anzeichen für Stress sind regelmäßige Verspannungen im Bereich der Schultern oder des Rückens. Die Haltung des Kindes kann sich durch die innere Anspannung verschlechtern, im weiteren Verlauf führt das zu Schmerzen und die Schmerzen wiederum zu mehr Unwohlsein und Stress.

Abgesehen von körperlichen Beschwerden äußert sich zu hoher Stress zudem im Verhalten des Kindes. Es reagiert oft gereizt, wütend oder aggressiv. Es kann seine Emotionen nicht verstehen oder richtig ausdrücken und geht in eine Offensivhaltung. Das kann mit anderen Kindern Lehrern oder Ihnen selbst zu Konflikten führen. Diese wirken dann nochmals belastend auf das Kind. Wie Sie sehen, führt übermäßiger Stress oft zu Kettenreaktionen, durch die alles noch schlimmer wird. Ein wenig Stress ist tatsächlich gut für den Körper, da wir so aktiv bleiben und unter Druck unser Bestes geben. Aber sind Kinder zu lange innerer Unruhe ausgesetzt, verwandelt sich Stress in eine echte Belastung, die den gesamten Alltag erschwert.

Die Auslöser für Stress sind ebenso zahlreich wie die negativen Folgen. Ein Faktor kann Disharmonie in der eigenen Familie sein, von kleinen Streitereien bis hin zu großen Konflikten. Auch der Stress der Eltern überträgt sich häufig auf Kinder, welche die Emotionen ihrer Eltern sehr genau spüren und aufnehmen. Gestresste Eltern haben oft selbst mit innerer Unruhe zu kämpfen, wodurch sie sich nicht genug Zeit für die Kleinen nehmen und das Eltern-Kind-Verständnis gestört wird. Fehlende Aufmerksamkeit von wichtigen Bezugspersonen trägt maßgeblich zum Unwohlsein von Kindern bei.

Nicht nur zuhause, auch in der Schule gibt es Auslöser für Stress. Das kann ein Problem mit einer Lehrkraft oder Streitigkeiten im Freundeskreis sein, die das Kind beschäftigen. Ebenso belastend kann Mobbing sein, etwas, das in der Schule leider immer in irgendeiner Form vorkommt und das unbedingt angesprochen werden sollte. Generell könnte das Kind mit

Unsicherheit und Selbstzweifeln zu kämpfen haben, vor allem, wenn es hohe Erwartungen erfüllen will. Oft führt dieser Druck auch noch zu Streit bei den Hausaufgaben und Frustration, was noch schlimmer wird, wenn das Kind durch Sport oder Musikunterricht am Nachmittag keine Ruhepausen hat. Körperliche Defizite wie chronische Erkrankungen oder eine zu hohe Zuckeraufnahme begünstigen Stress ebenfalls.

All diese Dinge können dazu führen, dass der Körper des Kindes unter Dauerstress steht und es kaum Entspannung findet. Dieser Umstand kann zu Langzeitschäden führen und die Gehirnkapazitäten stark beeinträchtigt. Umso wichtiger ist es, dass Sie Ihr Kind unterstützen und ihm dabei helfen, den Stress zu bewältigen.

Glücklicherweise gibt es viele effektive Möglichkeiten, Ihrem Kind beim Entspannen zu helfen. Weil die Familie der sichere Hafen für Ihr Kind ist, sollte gemeinsame Zeit immer garantiert sein. In den Ferien oder am Wochenende tragen Kurztrips und Ausflüge, ob in eine andere Stadt, ins Schwimmbad oder in die Natur, dazu bei, dass sich das Kind geliebt fühlt und entspannen kann. Nehmen Sie sich Zeit für Ihr Kind und räumen Sie Familienauszeiten ein, während derer Druck und Schulprobleme vergessen werden können. Innerhalb der Familie sollte trotzdem regelmäßig über Stress und seine Ursachen reflektiert werden, denn allein die offene Kommunikation kann schon dabei helfen, innere Unruhe zu überwinden. Machen Sie Ihrem Kind deutlich, dass es sich niemals dafür schämen muss, wenn es sich einmal überfordert fühlt.

Apropos Schule: Sollten Sie merken, dass Ihr Kind aufgrund von Schulstress mental unruhig ist, bieten Sie ihm unbedingt Hilfe an. Fragen Sie nach, was genau den Stress verursacht und nehmen Sie die Antwort des Kindes ernst. Sprechen Sie gegebenenfalls mit Lehrern und Lehrerinnen, die besser beurteilen können, wie Ihr Kind im Unterricht lernt und wie ihm bei Schwierigkeiten mit dem Stoff geholfen werden kann. Nachhilfeunterricht oder neue Lernstrategien können Stress reduzieren und zu mehr Selbstsicherheit führen.

Um zu allgemeiner Ausgeglichenheit und innerer Ruhe beizutragen, können Sie gemeinsam mit Ihrem Kind Entspannungsübungen und Meditationen machen. Dadurch wird das Kind achtsamer und lernt, die Zeichen seines Körpers zu deuten. Im nächsten Kapitel werden Ihnen einige Übungen erklärt, die sich leicht in den Alltag integrieren lassen und nachhaltig zur Stressbewältigung beitragen.

Die spaßigsten Achtsamkeitsübungen und Meditationen für Kinder

Meditation und Achtsamkeitsübungen werden immer beliebter – kein Wunder, denn sie führen zu sofortiger Entspannung, Klarheit im Kopf und erhöhter Konzentrationsfähigkeit. Solche Übungen mit Kindern durchzuführen, kann erst einmal eine Herausforderung sein. Meistens müssen die Kleinen nämlich erst einmal zu äußerer Ruhe kommen, bevor eine Meditation auch im Inneren Wirkung zeigt. Doch so schwierig Achtsamkeitsübungen mit Kindern auf den ersten Blick scheinen mögen, sie lohnen sich garantiert!

Denn wer meditiert, übt sich darin, konzentriert bei der Sache zu bleiben. Durch Achtsamkeitsübungen und Meditationen lernen die Kleinen ganz von selbst, die eigenen körperlichen und geistigen Empfindungen zu beobachten. Dadurch können sie von diesen leichter Abstand nehmen und sie hinterfragen, anstatt sich von ihnen einfach mitreißen zu lassen. Wenn Ihr Kind beispielsweise oft Wut verspürt und dann Dinge macht, die es eigentlich gar nicht will, kann ihm Meditation dabei helfen, das Gefühl zu verstehen. Es ist wichtig, dass Kinder Emotionen zulassen und sie voll ausleben. Doch wenn sie zunehmend unruhig und unzufrieden sind, weil sie komplett von ihren Gefühlen eingenommen sind, kann es schnell zu langfristigen Problemen kommen. Wenn sich das Kind beim Meditieren entspannt und in sich blickt, wird es sich fragen „Wieso bin ich eigentlich wütend? Warum fühle ich mich so und was kann ich dagegen tun?“. Es wird innerlich ausgeglichener und kann seine Emotionen anderen gegenüber besser artikulieren, was Konflikte verhindert.

Auch für Schularbeit und Lernen sind Achtsamkeitsübungen nützlich, da sie dabei helfen, schneller in einen Flow-Zustand zu kommen; ein Zustand, indem man mit vollem Fokus bei einer Sache ist und alles andere ausblendet. Man kennt das Phänomen z.B. von Sportlern, die sich vor einem Wettkampf in den Flow-Zustand bringen und dann alles geben. Dafür ist mentale Stärke unabdinglich. Des Weiteren lässt sich durch Meditation die Gedächtnisleistung verbessern. Bei regelmäßigem Meditieren wächst das Hirnareal, welches für die Verarbeitung und Speicherung von neuen Informationen zuständig ist.

Achtsamkeitsübungen führen zu mentaler Ausgeglichenheit, reduzieren Stress, verbessern die Konzentrationsfähigkeit und das Gedächtnis und können jederzeit durchgeführt werden. Nur Vorteile also! Probieren Sie die folgenden Meditationen mit den Kleinen zusammen aus.

Meditation – Blumenwiese

Wie bei jeder gezielten Meditation gilt es, durch Vorbereitung bereits eine angenehme Atmosphäre zu schaffen. Lüften Sie den Raum, in dem Sie mit den Kindern meditieren wollen, zünden Sie eine Kerze an oder lassen Sie entspannende Musik im Hintergrund laufen. Geben Sie ein gewisses Verhalten vor, dass diese Atmosphäre unterstützt: Leises sprechen vor und nach der

Meditation, gar kein Sprechen während der Meditation, ruhiges Aufstehen, wer will, kann die Augen schließen etc.

Nun beginnt die tatsächliche Meditation. Zwei Kinder stehen immer hintereinander bzw. ein Elternteil steht hinter einem Kind. Sie lesen mit ruhiger Stimme Folgendes vor: Wir schließen die Augen und stellen uns eine schöne Wiese vor. Auf dieser Wiese sind wir gerade aufgewacht und schauen uns nun um. Wir fühlen das weiche Gras unter uns und riechen die Erde und viele Blumen. Langsam geht die Sonne auf und wärmt unsere Körper.

In langsamer Geschwindigkeit fährt die Person, die hinter einem Kind steht, vom Kopf aus den Umriss des Kindes körpernah nach. Das vordere Kind wird dabei nicht berührt.

Als erstes wird unser Kopf ganz warm, dann die Schultern, die Arme und der ganze Körper. Auf einmal wird die Sonne von einer großen Wolke bedeckt und es beginnt zu regnen.

Bei diesen Worten werden erst leicht, dann etwas fester mit den Fingerspitzen der Kopf und die Schulter des vorderen Kindes berührt.

Dicke Regentropfen fallen auf unseren Kopf und unsere Schultern. Der Regen wird immer stärker. Nun lässt er langsam nach … es regnet nur noch leicht … jetzt hört der Regen auf und die Sonne kommt wieder durch die Wolken. Sie wärmt uns wieder.

Die hintere Person legt wieder seine Hände über dem Kopf des vorderen Kindes und fährt nahe an seinem Körper seine Umrisse nach, ohne das Kind tatsächlich zu berühren.

Wieder wird unser Kopf als erstes warm, dann die Schultern, die Arme und der ganze Körper. Uns ist wieder überall angenehm warm.

Meditation – Energieatmen

Atmen Sie mit den Kindern mehrere Male tief ein und aus, während Sie sich in einer bequemen Position befinden. Beim Einatmen soll sich das Kind vorstellen, dass es mit dem Luftzug volle Energie einatmet. Die Energie strömt in den Körper und in jede einzelne Zelle des Körpers – die Ohren, die Nase, die Augen, die Stirn, den Hals, die Schultern, den Oberkörper. Die Energie strömt weiter in beide Arme, die Hände und Finger, in den Unterleib, die Beine, Füße und Zehen. Die Kinder hören in sich selbst und spüren, wie sie mit jedem ruhigen Atemzug Kraft tanken. Während der Körper ganz ruhig bleibt, sind auch die Gedanken so still wie möglich. Das Kind konzentriert sich nur auf den eigenen Atem und den eigenen Körper.

Während der Meditation können Sie immer mal wieder Pausen machen, wenn ein Kind Probleme damit hat, sich den Energiefluss vorzustellen. Sie müssen mit den Kindern nicht zwingend Energie einatmen – vielleicht bevorzugen sie Ruhe, Freude oder Spaß. Beim Meditieren wird nicht gesprochen, damit der Fokus wirklich nur auf der Energieatmung liegt. Die Kinder selbst bestimmen, wann die Übung beendet ist und sie sich voll Energie fühlen.

Morgenmeditation

Die Art, wie wir in den Tag starten, kann dessen Verlauf maßgeblich beeinflussen. Wer sprichwörtlich „mit dem falschen Fuß" aufsteht, ist den ganzen Tag über müde oder unkonzentriert. Um bereits achtsam und energiegeladen in den Tag zu starten, bietet sich eine entspannende Morgenmeditation an. Dafür ist kein aufwendiges Ritual nötig, es kann schon direkt nach dem Aufwachen im Bett meditiert werden. Dafür bleibt man mit geöffneten Augen bequem liegen und atmet bewusst einige Male tief ein und aus. Dann werden die Augen geschlossen. Es gilt nun, in seinen Körper und seinen Kopf hineinzuhorchen. Von Kopf bis Fuß nehmen Sie sich ganz wahr und machen eine Art Körperscan, bei dem Sie sich für jedes Körperteil ein paar Sekunden Zeit lassen. Wie fühlt sich der Körper direkt nach dem Aufwachen an? Welche Körperteile sind vielleicht noch nicht ganz im wachen Modus? Und wie sieht es mit Ihren Gedanken aus? Ist der Kopf leer, oder denken Sie schon an den bevorstehenden Tag oder an ein Ereignis des vorherigen? Anstatt Gedanken nachzuhängen oder sich auf Negatives zu konzentrieren, werden die Gedanken einfach ziehen gelassen. Das heißt nicht, dass alles Schlechte ignoriert wird; ein unangenehmer Gedanke kommt auf, wird wahrgenommen, und dann losgelassen, sodass der nächste Gedanke kommt. Dabei fällt Ihnen womöglich auf, dass Sie etwas doch noch beschäftigt oder dass Sie sich über etwas anderes anscheinend gar keine Gedanken mehr machen. Alles wird akzeptiert und beobachtet. Sobald Sie merken, dass Sie sich an einer Sache aufhängen, lenken Sie den Fokus zurück auf die eigene gleichmäßige Atmung. Genau so soll im Optimalfall auch Ihr Kind meditieren.

Für Eltern und Kinder hat diese Meditation gleich mehrere Vorteile: Sie entspannt, macht ausgelassen und sorgt dafür, dass man den wertvollen Tag nicht mit Sorgen beginnt. Durch den Körperscan wird es leicht festzustellen, ob man sich fit fühlt oder ob man es heute vielleicht lieber etwas ruhiger angehen lassen sollte. Solch einfache Achtsamkeitsübungen führen zu einem ausgeglichenen Gemüt und hoher Konzentrationsfähigkeit. Natürlich kann es, vor allem bei Kindern, etwas Training benötigen, bis die Meditation richtig klappt. Am Anfang können Sie auf geführte Meditationsvideos zurückgreifen, die das Meditieren einfacher machen.

Achtsames Atmen

Wenn wir nicht gerade 100 Meter gerannt, eine lange Treppe hinaufgestiegen sind oder uns anderweitig etwas ausgepowert haben, achten wir selten auf unseren Atem. Dabei ist richtiges Atmen wichtig, um den Organismus mit Energie zu versorgen und ein gutes Gefühl für den eigenen Körper zu haben. Bei Atemübungen konzentriert man sich ganz auf seinen eigenen Atem, genauer gesagt auf dessen Verlauf durch den Körper. Gemeinsam mit Ihrem Kind können Sie üben, sehr gleichmäßig zu atmen und die Luft im Körper zu spüren, wie sie erst durch die Nase strömt und dann ihren Weg in den Brustkorb bzw. den Bauch findet. Der Atem wird also schlicht beobachtet und wahrgenommen.

Begeben Sie sich mit Ihrem Kind an einen ruhigen Ort, an dem Sie nicht gestört werden. Ein ruhiges Zimmer oder auch ein schöner Platz in der Natur. Nehmen Sie mit dem Kind eine entspannte Pose ein, in der Sie aufrecht stehen oder sitzen. Stellen Sie dann einen Timer für mindestens fünf Minuten, gerne länger. Danach werden Sie beide komplett ruhig und konzentrieren sich nur auf den eigenen Atem. Wenn Sie merken, dass Ihr Kind unruhig wird, versuchen Sie, es wieder auf den Pfad der Meditation zu bringen. Womöglich kann es sich besser konzentrieren, wenn es die eigenen Atemzüge zählt. Durch diese Übung wird das Kind achtsamer und bekommt ein besseres Körpergefühl. Eine Atemmeditation kann immer mal wieder zwischendurch gemacht werden und bewirkt Wunder in Sachen Entspannung, besonders, wenn das Kind mal einen sehr anstrengenden Tag hat und innere Unruhe verspürt.

Bewegungsmeditation – blind und sehend

Meditation muss nicht immer still im Schneidersitz stattfinden – Bewegungen können dazu beitragen, die Gedanken fließen und den Körper zur Ruhe kommen zu lassen. Für diese erste Bewegungsmeditation stellen Sie sich Ihrem Kind gegenüber und strecken Sie beide die Hände aus. Ihre Handflächen liegen auf den Handflächen Ihres Kindes (setzen Sie sich gegebenenfalls hin, falls der Größenunterschied zu groß ist). Sie halten sich nicht an den Händen fest, sondern lassen sie flach aufeinanderliegen. Da Ihre Hände oben liegen, sind Sie der Blinde; Sie schließen die Augen und lassen sich vom sehenden Kind langsam durch den Raum führen. Dabei dürfen Sie nirgendwo anstoßen. Nach ein paar Minuten werden die Rollen vom Blinden und Sehenden gewechselt. Während der Übung vertraut der Blinde dem Sehenden ganz, beide atmen ruhig und bewegen sich vorsichtig.

Bewegungsmeditation – Pantomime

Für diese Bewegungsmeditation werden mehrere Personen gebraucht, sodass zwei Gruppen entstehen können. Am besten macht die ganze Familie mit. Beide Gruppen stehen sich in großem Abstand gegenüber. Sie als Spielleiter geben jeweils jeder Gruppe einen Zettel mit den untenstehenden Anweisungen. Keines der Kinder hat die Zettel vorher gesehen. Die erste Gruppe beginnt und versucht sich so zu bewegen, wie es auf dem Zettel angegeben ist. Wenn sie z.B. in hohem Matsch gehen soll, zieht sie die Füße beim Gehen nach oben, als ob sie sie aus Matsch ziehen würde. Gruppe Nummer zwei muss nun erraten, was die erste Gruppe darstellt. Es wird erst gesprochen, wenn Gruppe zwei eine Antwort hat. Dann wird getauscht.

Zettel 1:

Tut so, als ob Ihr euch so bewegen würdet:

1. in kaltem Wasser gehen
2. sich anschleichen
3. über heißen Sand laufen
4. in hohem Matsch gehen

Zettel 2:

Tut so, als ob Ihr euch so bewegen würdet:

1. Schmetterlinge fangen
2. über spitze Steine laufen
3. in knietiefem Wasser waten

4. Fahrrad waschen

Bewegungsmeditation – im Kreis

Auch für diese Meditation werden mehrere Teilnehmer gebraucht, die sich in einen Kreis aufstellen. Jede Person sollte alle anderen Personen gut sehen können. Sobald die Übung beginnt, kommt vollständige Ruhe in den Kreis. Die Regel ist, dass niemand spricht. Eine Person darf beginnen, sie nimmt Blickkontakt mit einer anderen Person auf und geht zu ihrem Platz. Die zweite Person sucht nun Blickkontakt zu einer dritten Person und geht auf deren Platz zu, dadurch wird ihr Platz frei und die erste Person kann diesen einnehmen. Sobald die erste Person am Platz angekommen ist, kommt sie wieder zur Ruhe. So werden die Plätze immer weiter getauscht. Bei dieser Bewegungsmeditation sind alle im Kreis aufmerksam, weil sie die Blicke der anderen im Auge haben müssen. Alles findet ohne verbale Kommunikation statt und der Austausch von Plätzen sollte so gleichmäßig und ruhig ablaufen wie möglich.

Meditation mit Steinen

Viele Kinder lieben es, kleine und große Steine zu sammeln. Ob auf dem Spielplatz oder im Wald, fast überall gibt es Steine in verschiedenen Größen und Formen. Die Sammellust der Kleinen können Sie für eine Steinmeditation nutzen. Dafür gehen Sie mit dem Kind auf einen Spaziergang und helfen ihm dabei, unterschiedliche Steine zu sammeln. Zu Hause angekommen werden die Steine vorsichtshalber gewaschen und kommen dann zurück in die Kinderhände. In einer ruhigen und gemütlichen

Atmosphäre wird ein Stein ausgewählt und dann genau untersucht. Wie sieht der Stein aus, welche Farbe hat er? Ist seine Oberfläche rau oder glatt? Wo hat er Kanten? Nach was riecht er? Kann man irgendwelche Geräusche mit ihm machen? Ist er schwer oder leicht? Mit allen Sinnen soll sich das Kind auf den Stein konzentrieren. Dann kann es sich eine Geschichte für den Stein ausdenken. Wo kommt der Stein wohl her? Was hat er schon erlebt, was könnte er erleben? Der Fantasie sind wie immer keine Grenzen gesetzt.

Die Steinmeditation fällt vielen Kindern leichter als andere Achtsamkeitsübungen, weil sie hier etwas Haptisches in der Hand haben und sich damit beschäftigen können. Als Einstieg in die Meditation ist sie daher gut geeignet.

Dinge wirklich wertschätzen

Diese Achtsamkeitsübung tut Eltern und Kindern etwas Gutes. In unserer schnelllebigen Welt, in der uns so viele Dinge gleichzeitig beschäftigen und in der wir zum Multitasking erzogen werden, kann es ein echtes Wow-Erlebnis sein, die einfachen Momente des Alltags wahrzunehmen und wertzuschätzen. Gelegenheiten dazu gibt es genug. Anstatt beim gemeinsamen Essen Fernsehen zu schauen, ermutigen Sie Ihre Kinder dazu, sich mal nur auf das Essen vor sich zu konzentrieren. Wenn sie langsam essen und sich auf den Geschmack konzentrieren, nehmen sie das Mahl viel intensiver wahr. Sie können beschreiben, was sie schmecken, wie das Essen aussieht oder welche Konsistenz es hat. Auch auf einem Spaziergang oder dem Weg zur Schule kann Achtsamkeit praktiziert werden. Welche kleinen Details fallen dem Kind auf?

Wie lang ist ein Schritt bei ihm? Wie hält es seine Arme beim Laufen? Wie fühlt sich der Boden unter den Füßen an? Sehen Sie sich mit den Kindern in der Umgebung um und halten Sie Ausschau nach Dingen, die Ihnen normalerweise vielleicht nicht auffallen würden. Wieder gilt es, sich auf alle Sinne zu konzentrieren. So können Sie auch „mentale Fotos“ machen – versuchen Sie zu formulieren, wie Sie Ihre Eindrücke einem anderen so beschreiben könnten, dass dieser sich ein genaues Bild der Umgebung machen kann.

Ein Tagebuch führen

Über den Tag verteilt gibt es immer wieder einzelne Augenblicke, an die man sich abends genau erinnern kann – ein Spaziergang, ein Treffen auf dem Spielplatz, ein Ereignis in der Schule. In diesen Momenten waren wir im Hier und Jetzt, weswegen wir ihn am Ende des Tages noch gut in Erinnerung haben. Solche Ereignisse lassen sich in einem Tagebuch festhalten. Das Kind kann nur ein paar grobe Stichpunkte festhalten, mit denen es seinen Tag beschreibt, oder einen ganzen Text schreiben. Ein Tagebuch zu führen hat für Kinder und Erwachsene gleichermaßen viele Vorteile. Zum einen macht es ein Tagebuch leicht, Erinnerungen zu speichern und später an vergangene, schöne Momente zu denken. Zum anderen wird durch das Tagebuch die eigene Aufmerksamkeit und das Bewusstsein trainiert. Denn die Augenblicke werden intensiv wiedererlebt, um sie genau beschreiben zu können. Dadurch verbessert sich auch das Gedächtnis und die Fähigkeit, sich auf Erinnerungen zu konzentrieren. Ermutigen Sie Ihr Kind dazu, in seinem Tagebuch Fragen über besondere Momente des

Alltags zu beantworten – was ist heute passiert? Wie hat es sich dabei gefühlt? Was hat es gedacht? Über was hat es sich besonders gefreut, und warum? Wer war in einer Situation alles dabei?

Darüber hinaus ist das Führen eines Tagebuchs ein gutes Ritual fürs Einschlafen. Der Tag wird rekapituliert und abgeschlossen, es werden Gefühle und Wünsche reflektiert und auch Ängste und Sorgen können festgehalten werden. Das bloße Aufschreiben von negativen Gefühlen kann viel Negatives vom Kinderherz nehmen, die Beschreibung von schönen Emotionen macht das Einschlafen ebenfalls leichter.

19 spielerische Kinder-Yoga-Übungen für maximale Aufmerksamkeit

Yoga ist eine schöne Aktivität für die ganze Familie, die spielerisch Körper und Geist aktiviert. Mit geeigneten Kinder-Yoga-Übungen lernen Kinder tiefe Entspannung und Achtsamkeit, außerdem lernen sie ihren Körper besser kennen und werden aktiv. Sie trainieren die eigene Körperkoordination und das Gleichgewicht, während sie langfristig lernen, mit innerer Unruhe umzugehen und sich auf sich selbst zu konzentrieren. Mentale und körperliche Entwicklung werden also gleichzeitig gefördert. Zudem kann Yoga als Abendritual das Einschlafen erleichtern und ruft positive Emotionen hervor.

Schon ab einem Alter von etwa 6 Wochen können die Kleinsten beim Baby-Yoga entspannen, durch ruhige Baby-Massagen und Entspannungsübungen. Denn Yoga ist für alle Altersgruppen geeignet. Sind die Kleinen im Alter von 1 bis 3 Jahren, können Sie unter Anleitung von Familienmitgliedern zu Hause ein paar Übungen ausprobieren. Sie werden mit Sicherheit Spaß an der gemeinsamen Aktivität haben, was die Eltern-Kind-Bindung stärkt. Ab 3 Jahren kann ein Yoga begeistertes Kind bei Yoga-Kursen mitmachen, in manchen Kindergärten und Schulen gibt es solche auch.

Yoga für Erwachsene ist mitunter sehr anstrengend und fordernd. Kinder können dabei nicht mitmachen, da es ihre kleinen Körper überanstrengen würde und sie wahrscheinlich schnell die Lust verlieren würden. Für sie ist der Wechsel zwischen Übung und Entspannung am wichtigsten. Die Yoga-Einheiten mit Kindern sind deswegen kürzer als bei Erwachsenen und es gibt keinerlei Druck, jede Haltung perfekt auszuführen. Im Vordergrund stehen die regelmäßige Bewegung und die erhöhte Achtsamkeit für sich selbst und seine Umgebung.

Die folgenden Übungen finden am besten auf einer Yogamatte statt und werden von Ihnen vorgemacht, bevor die Kinder sie selbst ausprobieren. Erinnern Sie die Kleinen mehrmals daran, tief zu atmen und zu überprüfen, wie sich ihr Körper bei den Übungen fühlt. Für etwas mehr Spaß und Spannung können Sie sich zu jeder Haltung eine kleine Geschichte oder ein Gedankenspiel ausdenken, so etwas wie „Jetzt sind wir der starke Gorilla, wie hören wir uns an?“ oder „Jetzt sind wir ein Baum. Stehen wir gerade oder schwingen wir im Wind hin und her?“ Die Kleinen sind dadurch noch mehr involviert und können selbst etwas zur Gestaltung der Yoga-Einheit beitragen.

1. Gorilla

Das Kind stellt sich ganz locker und breitbeinig hin. Es breitet die Arme aus, ballt die Hände zu Fäusten und trommelt mit den Fäusten auf den eigenen Brustkorb. Dabei atmet es so tief ein wie möglich. Beim Ausatmen brüllt es laut, wie ein Gorilla.

2. Frosch

Das Kind stellt sich breitbeinig hin und geht dann ganz tief in die Hocke. Den Oberkörper beugt es nach vorne und die Hände werden flach auf den Boden gelegt. Wenn das Kind es schafft, kann es sogar die Unterarme auf den Boden legen. Entscheidend ist, dass die gesamte Fußsohle auf dem Boden aufliegt.

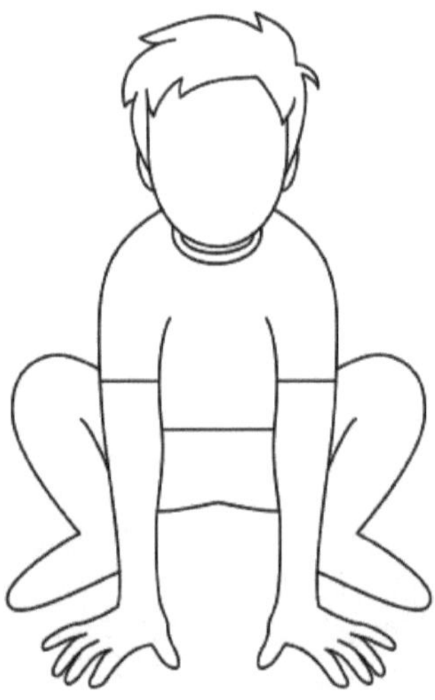

3. Hase

Das Kind setzt sich auf den Boden. Es nimmt die Arme zwischen die Beine, streckt sie aus und hält mit den Händen beide Füße fest. Dabei atmet es tief ein und aus.

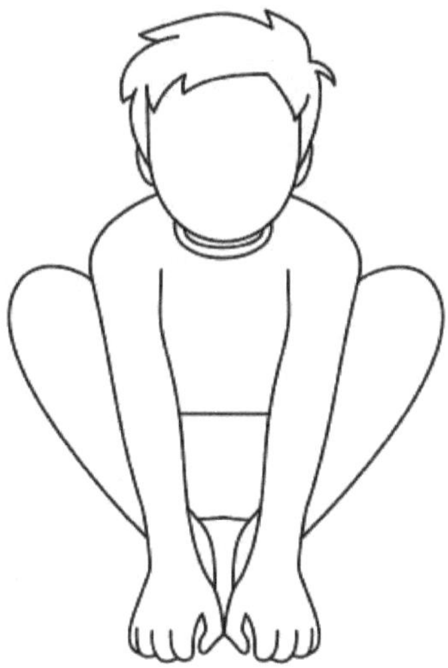

4. Heuschrecke

Das Kind legt sich flach auf den Bauch. Es ballt die Hände zu Fäusten und legt sie unter die Oberschenkel. Jetzt hebt es seine Beine so weit wie es geht nach oben. Dabei bleiben Kopf und Schulter auf dem Boden, nur die hintere Körperhälfte hebt ab. Diese Pose ist etwas anstrengend, regelmäßiges Atmen darf trotz der Anspannung nicht vergessen werden.

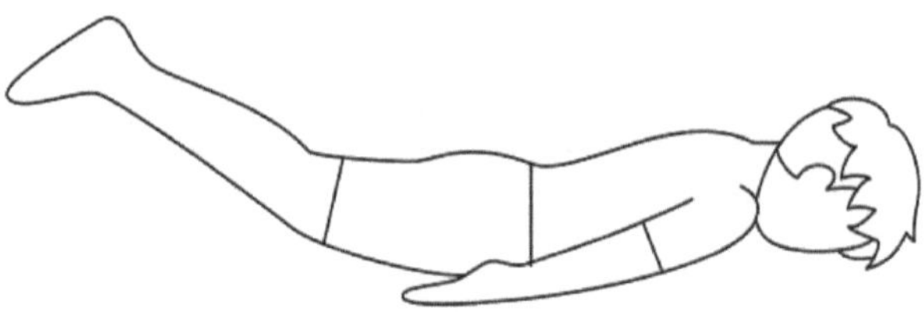

5. Fisch

Das Kind liegt auf dem Boden und presst die Sohlen seiner Füße aneinander. Die Knie lässt es jeweils nach außen zur Seite fallen. Die Hände werden unter den Po gelegt. Nun wird der Rücken nach oben durchgebogen und der Kopf wird nach hinten auf den Boden gedrückt. Dazu macht das Kind ein „Fischgesicht“ mit eingezogenen Wangen und atmet regelmäßig.

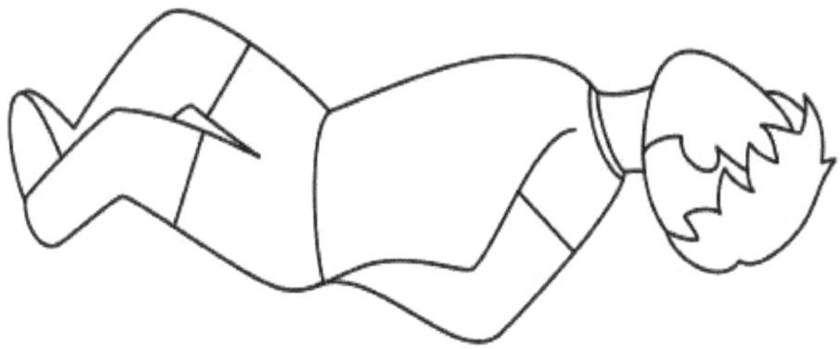

6. Geburtstagskerze

Das Kind legt sich flach auf den Boden und hebt dann beide Beine gerade in die Höhe. Das Gewicht wird auf die Schultern verlagert. Jetzt versucht es, den Brustkorb zu heben und das Kinn einzuziehen. Mit den Ellenbogen auf dem Boden und den Händen am Rücken stützt es sich ab. Die Füße werden gerade gestreckt, sodass der Körper mit Beinen und Füßen eine gerade Linie bildet. Wenn dem Kind die Position der Kerze schwerfällt, können Sie es an den Beinen etwas stützen.

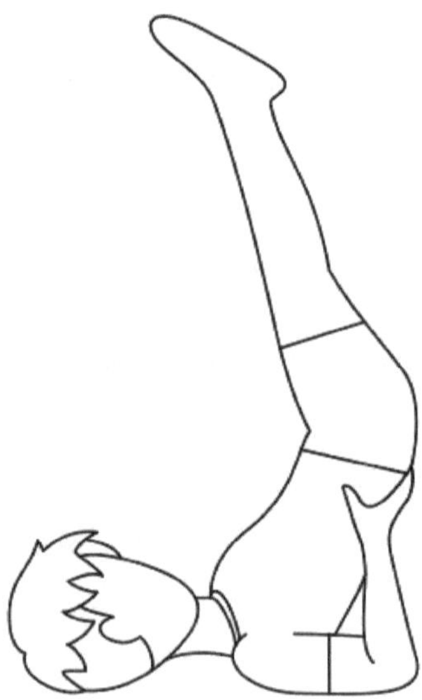

7. Raupe

Das Kind legt sich flach auf den Bauch und berührt mit der Nasenspitze den Boden. Dann stützt es sich auf beiden Seiten mit den Händen neben den Schultern ab und winkelt die Füße an. Nun hebt es das Becken an. Nur noch Kinn, Brust, Hände und Zehenspitzen berühren den Boden, der Po wird leicht in die Höhe gestreckt.

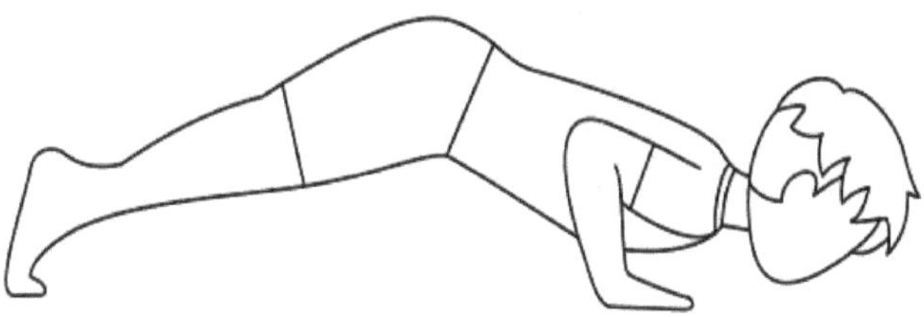

8. Hahn

Im Schneidersitz legt das Kind alle Fingerspitzen auf die Schultern. In dieser Pose bewegt es die Ellenbogen wie zwei Flügel vor dem Körper. Wenn es die Arme hebt, atmet es ein, beim Senken der Arme kräht es beim Ausatmen wie ein Hahn.

9. Brücke

Das Kind legt sich auf den Rücken und zieht die Beine an, bevor es seine Hände verkehrt herum neben den Kopf legt. Die Ellenbogen zeigen nach außen und die Handflächen liegen ganz auf dem Boden. Das Kind hebt jetzt sein Becken an und versucht so gut wie möglich, seine Arme und Beine gleichzeitig durchzudrücken, so dass der Körper eine Brücke formt.

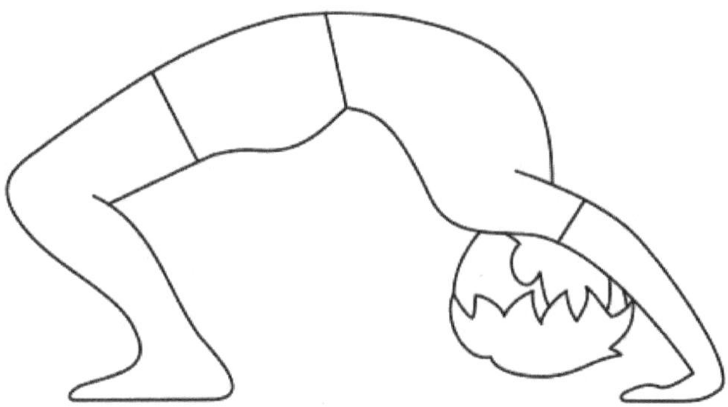

10. Krähe

Ähnlich wie beim Frosch hockt sich das Kind hin und nimmt die Hände zwischen die Beine. Vorsichtig legt es nun sein gesamtes Gewicht auf die Arme und verlagert seinen Körper nach vorne. Mit den Füßen hebt es langsam vom Boden ab. Bei den ersten paar Malen verliert es wahrscheinlich schnell das Gleichgewicht und kippt wieder nach unten, mit etwas Übung kann es sich mehrere Sekunden in der Luft halten.

11. Blume

Das Kind setzt sich auf den Boden und zieht die Beine an. Seine Arme führt es nun unter den Knien hindurch, mit den Handflächen nach oben. Jetzt stößt es sich mit den Füßen leicht vom Boden ab. Es balanciert nun auf dem Hinterteil und hat die Beine vollständig in der Luft, die Füße liegen aneinander. Dabei wird gleichmäßig ein- und ausgeatmet.

12. Tanzhaltung

Auf dem rechten Bein stehend winkelt das Kind sein linkes Bein nach hinten ab und umfasst die Spitze des Fußes mit der linken Hand. Dabei streckt es den rechten Arm vor sich gerade aus und blickt nach vorne. Als nächstes versucht es, die Fußspitze weiter nach oben zu ziehen und den Oberkörper nach vorne zu beugen. Danach wird das andere Bein angehoben und das Ganze wiederholt. Zwischendurch tiefe Atemzüge nehmen.

13. Maus

Das Kind nimmt ein Kissen oder eine flauschige decke vor sich und kniet auf dem Boden. Die Hände liegen entspannt auf den Oberschenkeln. Jetzt stützt es sich mit den Händen vor sich ab und lässt den Oberkörper langsam nach vorn senken. Die Stirn sollte dann langsam auf dem Kissen landen. Es wird tief ein- und ausgeatmet, dann werden die Arme locker an die Seiten gelegt. Das Kind versucht, mit den Händen die Füße zu erreichen. Der Körper ist ganz entspannt.

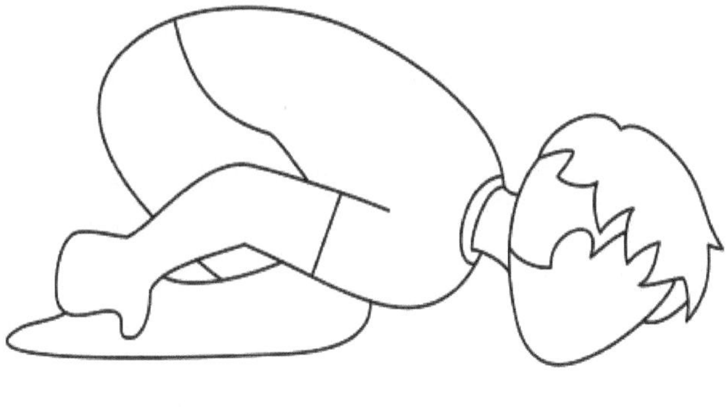

14. Baum

Das Kind steht gerade, winkelt ein Bein an und legt es an den anderen Oberschenkel. Dann versucht es, nicht das Gleichgewicht zu verlieren. Optional kann es auch nur einen Fuß auf den anderen stellen, das ist etwas leichter. Es legt die Hände entweder über dem Kopf oder vor der Brust aneinander und atmet tief ein und aus. Während des Balancierens kann sich das Kind vorstellen ein Baum zu sein, der im Wind steht – dann bewegt es seinen Körper langsam hin und her, ohne umzufallen.

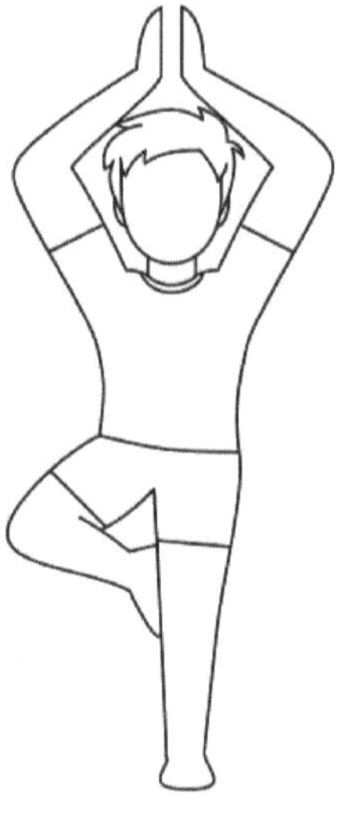

15. Kobra

Auf dem Bauch liegend nimmt das Kind seine Hände unter die Schultern, die Handflächen liegen glatt auf. Jetzt drückt es seinen Oberkörper mit den Handflächen nach oben und streckt den Hals ebenfalls nach oben. Die Arme drückt es so weit wie möglich durch. Beim Ausatmen wird gezischelt, wie eine echte Schlange. Danach kann das Kind versuchen, wie eine Schlange auf dem Boden zu kriechen.

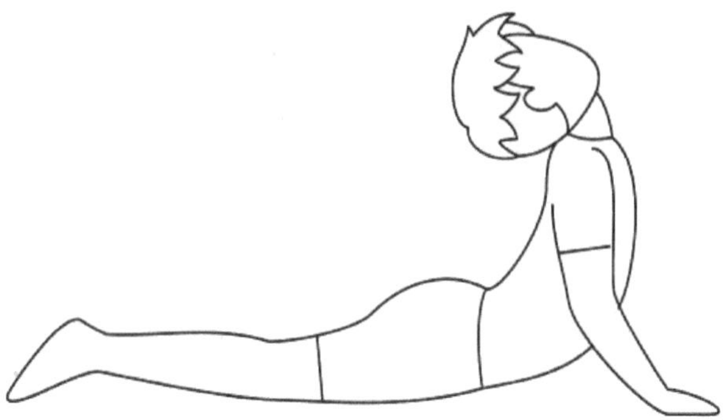

16. Superheld

Das Kind steht aufrecht und die Füße stehen mehr als hüftbreit auseinander. Jetzt wird sich ordentlich gestreckt, das Kind soll sich so groß wie möglich machen. Dabei kann es sich vorstellen, dass es an einem Faden vom Kopf aus in die Höhe gezogen wird, wie bei einer Marionette. Jetzt stemmt es die Hände in die Hüften und geht in die Grätsche. Beide Arme streckt es aus, wobei die Handflächen nach unten zeigen.

17. Katze

Auf allen Vieren steht das Kind auf dem Boden, Knie und Hüfte liegen parallel zueinander. Dabei schaut es geradeaus nach vorn. Der Kopf wird nun auf die Brust gelegt, das Kind atmet ein und macht einen Katzenbuckel. Dabei werden die Schultern und der obere Teil des Rückens nach oben gebogen, der Bauchnabel wird Richtung Himmel eingezogen. Für ein paar Atemzüge verharrt das Kind in dieser Position. Langsam kommt es zurück in die Anfangshaltung. Beim nächsten Einatmen wird der Kopf in den Nacken gelegt, anstatt einen Buckel macht das Kind ein leichtes Hohlkreuz. Nach ein paar Atemzügen geht es wieder in den Buckel.

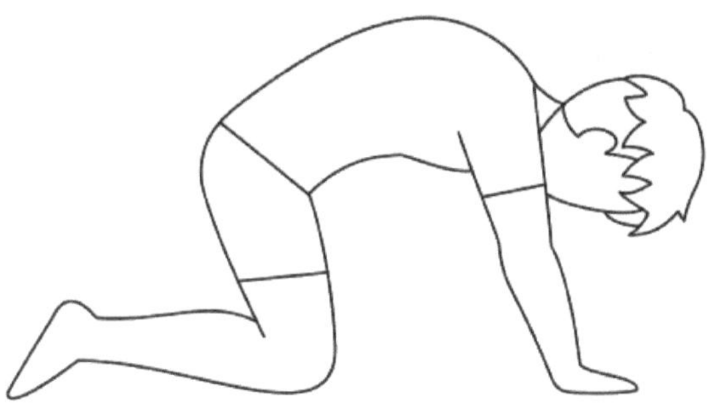

18. Hund

Direkt aus der Katzenposition kann das Kind in die Hundeposition kommen. Dabei streckt es seinen Po so weit wie möglich nach oben, Arme und Beine werden durchgestreckt. Der Kopf wird Richtung Boden geneigt. Das Kind kann jetzt seine Füße sehen und steht wenn möglich auf den Zehenspitzen. Es kann seinen Po nun etwas hin und her bewegen, wie ein Hund, der mit dem Schwanz wedelt.

19. Fünf Gerade

Das Kind setzt sich in den Schneidersitz und atmet tief durch die Nase ein. Dabei hält es eine Hand in die Luft und zählt mit den Fingern bis 5. Beim langsamen Ausatmen durch die Nase zählt es rückwärts von 5 bis 1 und zieht bei jeder Zahl einen Finger wieder ein. Das wird 3-mal wiederholt.

Wie Sie Ihr Kind durch simple Tricks zum Lernen motivieren

Mit steigender Motivation verbessert sich die Konzentrationsfähigkeit ebenso. Wenn wir eine Sache nicht nur erledigen müssen, sondern es auch wollen, weil wir persönlich an ihr interessiert sind, fällt es uns viel leichter, Ablenkungen zu ignorieren und lange konzentriert zu bleiben.

So ergeht es Ihrem Kind mit seinem Lieblingsfach. Die Aufgaben machen ihm Spaß, deswegen ist es motiviert und kann sich gut fokussieren. Auf manch anderes Fach hat es hingegen keine Lust. Es möchte für dieses Fach nichts extra machen oder etwas vorarbeiten, an den Hausaufgaben sitzt es gefühlt eine Ewigkeit. Im Grunde ist das ein normales Verhalten, wird es aber zur Regel, sollten Sie Ihrem Kind helfen, neue Motivation zu finden. Nicht nur, um in diesem Fach endlich gute Noten zu bekommen, sondern auch, um es für das Kind selbst leichter zu machen.

Es gibt zwei Arten von Motivation: Die innere Motivation bzw. Selbstmotivation, also ein Interesse für die Sache, die aus einem selbst heraus kommt, sowie die äußere Motivation. Die äußere Motivation beschreibt das Interesse an den Folgen der Sache, wie dem Zeugnis oder einer Belohnung in Form von einer Süßigkeit oder einem Spielzeug. Langfristiger Lernerfolg entsteht nie durch äußere Belohnungen, sondern nur, indem sich das Kind selbst motiviert und weiß, wieso es überhaupt lernt. Trotzdem sind äußere Belohnungen von Zeit zu Zeit sinnvoll, weil sie kurzfristig die Laune und die Selbstmotivation heben oder dem Kind eine schwere Phase versüßen.

Wie können Sie die Selbstmotivation Ihres Kindes konkret steigern? Als erstes beobachten Sie am besten, bei welcher Tätigkeit das Kind eine hohe innere Motivation hat. Was macht dem Kind an dem Themenfeld oder Fach Spaß? Wie geht es vor, wenn es diese Aufgaben erledigt? Was ist ihm dabei wichtig? Vielleicht lassen sich ähnliche Verfahrensweisen und Gemeinsamkeiten zu Fächern finden, die dem Kind normalerweise keinen Spaß machen.

Ein großer Faktor für die Selbstmotivation ist die Selbstbestimmtheit. Das Kind sollte größtenteils die Freiheit haben, so zu lernen, wie es das selbst am besten und einfachsten findet. Zeigen Sie Ihrem Kind verschiedene Lernmöglichkeiten auf und ermuntern Sie es dazu, alle einmal auszuprobieren. Auch Selbstbestimmtheit bei den Lernmitteln ist wichtig. Schon Kleinigkeiten helfen, die Selbstmotivation zu steigern: Sollen die Hefter für den Matheunterricht hell- oder dunkelblau sein? Mit welchem Stift soll geschrieben werden? Lassen Sie Ihr Kind selbst entscheiden.

Erinnern Sie Ihr Kind zudem öfter daran, was es bereits geschafft hat. Bestimmt gab es schon einmal eine Aufgabe, die ihm überaus schwer vorkam, die es dann aber doch mit Geduld und Zielstrebigkeit gemeistert hat. Nach dem Motto: „Wenn du das hinbekommen hast, wirst du das hier auch schaffen!" Zeigen Sie auf, für was das Kind sein Wissen später einmal anwenden kann.

Für fast jeden Beruf ist es wichtig, gut rechnen und schreiben oder sehr genau lesen zu können. Langweiliger Unterrichtsstoff wird so zu notwendigen Fähigkeiten, die dem Kind helfen, sein Ziel zu erreichen. Kurzfristig bringen ihm verbesserte Fähigkeiten in den Schulfächern auch etwas; wenn es besser im Rechnen ist, wird es mit den Aufgaben schneller fertig und kann eher etwas mit Freunden machen. Das stärkt die Motivation auf jeden Fall.

Ein anderer Motivator ist Lob. Loben Sie Ihr Kind lieber einmal zu viel als zu wenig, denn das wird es nachhaltig stolz und innerlich motiviert machen. Seien Sie dabei ruhig spezifisch: „Wie du diese Rechenaufgabe in nur 5 Minuten gelöst hast, hat mich echt beeindruckt!" Das Kind lernt so, Vertrauen in die eigenen Fähigkeiten zu entwickeln und schreckt nicht mehr so schnell vor Herausforderungen zurück. Läuft doch mal etwas schief, wenden Sie beim Feedback die Sandwich-Methode an. Sie erwähnen erst etwas Positives, geben dann das negative Feedback (am besten mit einem Lösungsvorschlag) und dann wieder etwas Positives. Etwa so: „Das ging aber schnell mit den Rechenaufgaben! Ich glaube, hier hast du eine Kleinigkeit übersehen, schau die Aufgabe doch nochmal genau an. Aber ansonsten alles richtig. Super!" Das wirkt viel motivierender als ein einfaches „Da hast du einen Fehler gemacht." Drücken Sie Ihr Lob auch über die Körpersprache aus, indem Sie dem Kind eine Hand auf die Schulter legen, ihm direkt in die Augen sehen beim Sprechen oder es sogar kurz drücken. Unterbewusst wird das Lob dann noch stärker wahrgenommen.

Diese vier simplen Tricks helfen Ihnen zusätzlich dabei, Ihr Kind zum Lernen zu motivieren:

1. Schule sollte kein Hauptthema sein

Der Schulalltag ist für Kinder oft anstrengender als gedacht. Sie sehen zwar ihre Freunde und können sich austoben, müssen sich aber auch für längere Zeitperioden auf teils noch unbekannten Lernstoff konzentrieren oder stressige Klausuren schreiben. Das Zuhause sollte deswegen ein Rückzugsort und ein sicherer Hafen sein, in dem sich das Kind von der Schule erholen und sich entspannen kann. Schöne Erlebnisse und Gespräche mit der Familie sind da genau das Richtige. Natürlich sind Sie dazu berechtigt, sich nach dem Schulalltag Ihres Kindes zu erkundigen. Doch tun Sie dies in einem guten Moment und erzwingen Sie nichts. Wenn das Kind gerade erst aus der Schule kommt und dann mit Fragen bombardiert wird, die vor allem mit dem Lernstoff zu tun haben, neigt es dazu, eher verschlossen zu antworten. Es möchte erst einmal eine Pause von Schulsachen haben und sich ausruhen. Während eines Gesprächs können Sie damit beginnen, erst einmal über die schönen Seiten der Schule zu reden – Erlebnisse auf dem Schulhof, ein Lieblingsfach oder Sport. Ihr Kind wird mit Freude über die positiven Schulerlebnisse sprechen und kommt dann vielleicht auch auf Dinge, die nicht so toll sind. Üben Sie sich in Geduld und Empathie und machen Sie die Schule in der Familie nicht zum Hauptthema. Das baut nur unnötigen Druck und Stress bei den Kindern auf.

2. Die richtigen Anregungen finden

Den Kindern neues Wissen zu vermitteln, ist Aufgabe ihrer Lehrer. Trotz dessen können Sie selbst immer wieder Anregungen zum Lernen geben, auch außerhalb der Schule. Wobei Lernen nicht unbedingt das richtige Wort ist. Besser passt experimentieren, herausfinden oder entdecken. Schlagen Sie Ihrem Kind einen Rollentausch vor und lassen Sie sich von ihm erzählen, was es Neues gelernt hat – nicht nur in der Schule. Womöglich hat es im Fernsehen einen interessanten Beitrag gesehen oder auf dem Schulweg ein Insekt beobachtet, was es zuvor noch nie gesehen hat. Solche Geschichten zu erzählen, steigert das Selbstbewusstsein des Kindes und gibt ihm neue Motivation, die spannende Welt weiter zu erkunden. Schließlich muss es auch außerhalb der Schule Dinge lernen, die nicht unbedingt etwas mit Mathe oder Grammatik zu tun haben. Der richtige Umgang mit anderen Menschen beispielsweise ist ebenso ein Lernprozess und will geübt sein. Geben Sie Ihrem Kind immer wieder die Möglichkeit, Ihnen von seinen Experimenten und Erkenntnissen zu erzählen. Es wird selbstständiger denken und für viele neue Dinge Interesse verspüren.

3. Wichtige Inhalte in den Alltag einbringen

Darüber hinaus können Sie praktische Schulinhalte immer wieder beiläufig in den Alltag einbringen. Wenn Sie mit Ihrem Kind die Nachrichten sehen und ein geschichtliches Ereignis erwähnt wird, können Sie ihm kindgerecht dieses in der Vergangenheit liegende Ereignis erklären. Dabei erläutern Sie bestenfalls auch gleich noch, wieso an dieses Ereignis heute noch gedacht wird. Wenn Sie dem Kind abends eine Geschichte vorlesen, können Sie ein paar Englischvokabeln abfragen oder gar einen ganzen Abschnitt gemeinsam übersetzen; ohne hohe Erwartungen, einfach aus Spaß an der Übung. Machen Sie Ausflüge in Museen oder in die Natur und lassen Sie das Kind dabei schriftlich festhalten, was es an den Orten am meisten fasziniert. Oder lassen Sie Ihr Kind beim Backen helfen, indem es die Menge von Zutaten abmisst und zusammenrechnet. Im Alltag kann Wissen auf diese Weise spielerisch gefestigt werden, gleichzeitig bekommt das Kind bestätigt, dass das, was es in der Schule lernt, auch in der realen Welt angewendet wird und wichtig ist. Dadurch steigert sich die innere Motivation immens.

4. An Pausen denken

Es kann nicht oft genug gesagt werden: Pausen sind essenziell für gute Konzentration, schon bevor der Kopf zu rauchen anfängt. Der Lernstoff kann sich besser festigen und neue Informationen werden besser verarbeitet, wenn das Kind eine gute School-Life-Balance hat. So wie Lernperioden fest eingeplant sind, muss auch Zeit für Hobbies und Freunde eingeplant werden. Während der Lernzeit helfen ausreichend trinken und kleine Bewegungsübungen dabei, die Motivation hochzuhalten.

In den Ferien sollte wichtiger Schulstoff wiederholt werden, besonders, wenn sich das Kind mit einem Fach sehr schwertut. Gegebenenfalls können Sie gemeinsam mit dem Kind auch etwas vorarbeiten, um einen entspannten Einstieg in die nächste

Schulzeit zu haben. Vorrangig sind die Ferien jedoch eine Zeit ohne Schule. Mehrere Tage oder sogar Wochen am Stück, in denen das Kind überhaupt nicht an Schule denkt, wirken beruhigend und befreiend. Mit befreitem Kopf und neuem Mut geht es dann zurück an die Aufgaben.

Wie ihr Kind mit Gesellschaftsspielen verschiedene Fähigkeiten lernt

Wohl nichts macht Kinder glücklicher, als zu spielen. Ob draußen mit Freunden, drinnen mit Geschwistern, dem Familienhund oder den Eltern, in fast jeder Situation lassen sie sich von Spielen begeistern. Auf diese Weise entdecken sie die Welt um sich herum, begreifen Geschehnisse und gehen ihrer Neugier nach. Zwar sind Spiele da, um Spaß zu haben und sich vom Lernen zu erholen, aber tatsächlich lassen sich mit ihnen auch bestimmte Fähigkeiten lernen oder verbessern. Besonders gut geht das mit Gesellschaftsspielen. Sie fördern den Sinn für Gemeinschaft, machen Spaß und erweitern die Kompetenzen und das Wissen der Kinder. Das Beste daran: Obwohl die Kinder lernen, bleibt der übliche Lernstress aus. Im Gegenteil, das Lernen und Testen des eigenen Wissens macht Freude. Bei Spielen wie Tabu oder Stadt, Land, Fluss wird Wissen gezielt abgefragt, ohne Druck aufzubauen oder Langeweile zu verbreiten. Außerdem wird das Gelernte besser ins Gedächtnis aufgenommen, weil es mit einem freudigen Erlebnis verbunden wird.

Welche Inhalte typischer Schulfächer können durch welche Gesellschaftsspiele gefördert werden? Die Auswahl ist groß. Mathematische Themenkomplexe können durch Spiele wie Yazzi oder Uno anschaulicher dargestellt werden, da hier Addition und Multiplikation zentral sind. Andere Spiele wie Pharao Code erfordern die Beherrschung aller verschiedener Grundrechenarten.

Auch Kenntnisse der Geografie können durch Gesellschaftsspiele verbessert werden, neben dem bereits genannten Stadt, Land, Fluss sind auch die Spiele GeoCards oder GeoFlag zu erwähnen. So kommen die Kinder mit Nationalflaggen und der Landeskunde verschiedener Orte spielerisch in Berührung. Der Sinn für Grammatik und der Wortschatz der Kinder verbessert sich durch Spiele wie Tabu oder Scrabble. Zusätzlich wird das kreative Denken und die Sprachfähigkeit im Allgemeinen verbessert.

Andere Gesellschaftsspiele fördern nicht unbedingt Kompetenzen für Schulfächer, dafür aber andere Kompetenzen und Persönlichkeitsaspekte. Reaktionsfähigkeit und Gesamtmotorik werden z.B. durch das Spiel Halli Galli trainiert; dabei müssen die Spieler auf eine Glocke hauen, wenn sie fünf gleiche Früchte auf den aufgedeckten Karten gezählt haben. Auch mathematische Fähigkeiten werden also gefordert. Das Gedächtnis kann mit dem Klassiker Memory angeregt werden, wobei sich die Kinder Orte und Dinge merken müssen.

Spiele wie Activity fördern etwas ganz anderes, nämlich das Selbstbewusstsein bei Auftritten. Dabei werden Begriffe beschrieben, gemalt und mit dem Körper dargestellt, was bedeutet, dass das Kind teilweise eine echte Show abziehen muss und die Scheu vor Präsentationen überwinden kann.

Ein anderes interessantes Gesellschaftsspiel bringt Kindern bei, mit Niederlagen und Enttäuschungen auf gesunde Weise umzugehen: Mensch ärgere dich nicht. Bei diesem Spiel bringt Frust einen nicht weit, Durchhaltevermögen und Optimismus sind gefragt. Wenn das Kind nach einer Niederlage mal schlecht gelaunt ist, ist das normal, aber mit der Zeit lernt es, ein guter Verlierer zu sein und auf das nächste Mal zu hoffen. Dann gibt es eine neue Möglichkeit auf den Gewinn, was das Selbstbewusstsein steigert. Kinder lernen bei Mensch ärgere dich nicht, dass man nicht immer der Gewinner sein kann, das aber gar nicht schlimm ist, solange man nicht aufgibt. Diese wichtige Lektion lässt sich leicht auf Probleme in der Schule übertragen. Vielleicht hat Ihr Kind Probleme im Mathematikunterricht und denkt sich oft „Das kann ich eh nicht“. Mit dieser inneren Einstellung wird es noch schwerer, den Stoff zu verstehen. Lernt es in anderen Lebensbereichen, dass man Probleme angehen und sie nach und nach lösen kann, wird es sich im Unterricht ebenfalls mehr zutrauen und mit den Aufgaben besser klarkommen.

Damit einhergehend lernen Kinder durch Gesellschaftsspiele auch, wie wichtig Teamgeist, Kameradschaft und Kooperationsbereitschaft sind – alles wichtige soziale Fähigkeiten, die es später im Leben braucht. Bei einigen Spielen müssen Teams gegeneinander antreten und nur gute Zusammenarbeit führt zum Sieg. Zudem ist eine gerechte Spielweise wichtig. Niemand möchte mit jemandem spielen, der sich nicht an die Regeln hält.

Last but not least können bei Spielen auch physische Fähigkeiten und die Kreativität verbessert werden. Spiele wie die Schnitzeljagd oder das Geocaching sind abenteuerlich, wenn die Kinder dabei über Stock und Stein ihren Weg zum nächsten Hinweis finden müssen. Sie sind an der frischen Luft, arbeiten zusammen, bewegen sich und lernen Neues. Ein schöner Sommertag mit der Familie kann so zum echten Erlebnis werden.

Wie Sie sehen, sind Gesellschaftsspiele breit gefächert und bilden unterschiedliche Fähigkeiten Ihrer Kinder aus. Auf spielerische Weise lernen die Kleinen etwas fürs Leben und freuen sich gleichzeitig darüber, Zeit mit den Eltern zu verbringen. Kommen Sie also dem dringendsten Verlangen Ihres Kindes nach und spielen Sie mit ihm!

Warum das Prinzip der Lerntypen ein Mythos ist

Das Prinzip der Lerntypen ist ein Mythos, der sich hartnäckig hält. Selbst auf zahlreichen Lernplattformen gibt es Anzeigen wie „Finde mit diesem Quiz heraus, welcher Lerntyp du bist“ und viele Artikel darüber, wie wichtig es ist, sich in dieser Hinsicht zu kategorisieren. Hat man einmal herausgefunden, welchem Lerntypen man entspricht, scheint sich eine neue Welt des Lernerfolgs zu erschließen. Das klingt ziemlich verlockend. Mein Kind muss nur herausfinden, zu welcher Gruppe von Lerntypen es gehört, und dann lernt es sofort besser und schneller? Es muss nur den einen richtigen Ansatz finden, um in jedem Fach effizient zu lernen? Leider entspricht dieses Ideal nicht der Realität, denn für die Existenz der eindimensionalen Kategorien gibt es keine Beweise.

Schon seit den 1970er Jahren wird die Theorie der Lerntypen verbreitet. Bis heute sind Unmengen an angeblich bewiesenen Lernmodellen erfunden worden, allesamt Ansätze, die das Ziel haben, lernende Menschen in unterschiedliche Schubladen zu stecken. Ihnen sind wahrscheinlich am besten die vier Lerntypen von Frederic Vester bekannt, der die Kategorien ohne wissenschaftliche Basis erstellte und maßgeblich zur Begeisterung von Lerntypentests beitrug. Vester zufolge gibt es die haptischen, visuellen, auditiven und abstrakt-verbalen Lerntypen, die allesamt unterschiedliche Arten zu lernen bevorzugen.

Der haptische Lerntyp ist praktisch veranlagt; er lernt am besten, indem er Dinge selbst ausprobiert und die Dinge in die Hand nimmt. Anstatt über ein chemisches Experiment zu lesen, möchte er es lieber selbst ausprobieren und vor seinen Augen studieren können – learning by doing. Praktische Anwendungsbeispiele oder Rollenspiele helfen ihm dabei, Lernmaterial zu begreifen. Der visuelle Lerntyp bevorzugt bildliche Lernarten. Ihm helfen Schaubilder, Diagramme, Filme und Skizzen, eben alle bildlichen Medien, auch Texte. Der auditive Lerntyp lernt am besten durch Zuhören. Er braucht Tonaufnahmen, Vorträge und Gespräche und liest beim Lesen eines Textes laut mit. Der vierte Lerntyp ist der abstrakt-verbale, er hinterfragt das Gelernte kritisch und denkt intensiv über den Stoff nach. Er tauscht sich mit anderen darüber aus und muss sich stets eine eigene Meinung bilden.

Auf den ersten Blick hört sich das Modell logisch an. Sicher ist Ihnen schon einmal aufgefallen, dass Ihr Kind beim Lernen bestimmte Präferenzen hat. Liest es einen Text lieber still für sich allein oder stellt es währenddessen ständig Fragen? Lernt es gut mit Dokumentationen oder sucht es das Gespräch mit Mitschülern? Grübelt es über neue Informationen lange nach? Bei Lerntypentests wird durch Fragen herausgefunden, welchem Lerntyp jemand entspricht.

Was ist nun das Problem an der Einteilung in Lerntypen? Zum einen gibt es keinerlei wissenschaftliche Belege dafür, dass sie wirklich existieren. Es gibt zwar ein paar Studien, die ihre Wirksamkeit belegen wollen, diese sind aber nicht nach wissenschaftlichen Standards durchgeführt worden und haben damit keine Aussagekraft. Es stimmt schlicht nicht, dass Kinder oder Erwachsene einen bestimmten Lernkanal wie das Gehör haben, der ihnen das Lernen vereinfacht. Dazu kommt, dass nicht alle Lerntypen die gleichen Kapazitäten und Möglichkeiten haben. Ein auditiver Lerntyp kann das Lernmaterial vielleicht noch gut über seinen bevorzugten Weg aufnehmen, doch was ist mit dem haptischen Lerntyp? In der Schule oder später im Studium ist es normalerweise nicht vorgesehen, alles hands-on zu lernen. Die Kategorisierung der Lerntypen kann sogar dazu führen, dass schlechter gelernt wird. Wenn ein Kind nur noch seinem angeblichen Typ entsprechend lernt, verpasst es womöglich die Chance, andere Methoden auszuprobieren, die ihm mehr helfen würden.

Trotzdem gibt es ein paar Lehren, die aus der Begeisterung für Lerntypen gezogen werden können. An sich ist es eine gute Sache, sich mit dem persönlichen Lernverhalten auseinanderzusetzen und herauszufinden, welche Methoden am besten wirken. Vor allem Kinder, die sich mit dem Lernen schwertun und keine guten Ergebnisse erzielen, reflektieren oft nicht über ihre Art des Lernens und haben in der Regel auch kein breites Repertoire an unterschiedlichen Lernstrategien. Dabei ist Diversität beim Lernen meist das A und O. Der Stoff sollte kontinuierlich über mehrere Wege vermittelt werden, sodass das Lernen abwechslungsreich und die Motivation hoch bleibt. Ein Lerntypentest kann aufzeigen, welche verschiedenen Möglichkeiten es hierfür gibt. Welchem Typ das Kind am Ende entspricht, ist relativ egal, denn wie bereits erwähnt bringt die Einteilung in Schubladen nichts. Aber womöglich sind das Kind oder seine Eltern noch nie darauf gekommen, auditiv oder abstrakt-verbal zu lernen, um das

Schulmaterial zu festigen. Die neuen Impulse führen im besten Fall dazu, dass dem Kind neue Lernstrategien eröffnet werden und es sich intensiv mit der eigenen Wissensaufnahme beschäftigt.

Beim Bestimmen von Lerntypen kommt hinzu, dass verschiedene Typen unwissentlich gemixt werden. Stellen Sie sich vor, bei einem Lerntypentest stellt sich heraus, dass Ihr Kind der visuelle Lerntyp ist. Nun versuchen Sie mit ihm, sich Bilder für den Lernstoff anzusehen oder etwas zu lesen. Dann lassen Sie es ein paar Lernvideos schauen, wobei zwei Sinnesorgane benutzt werden; so ist das Kind vielleicht nicht nur visueller, sondern auch auditiver Lerntyp. Schließlich sieht es das Video nicht nur, es hört auch, was im Video erklärt wird. Ist das fürs Lernen zuträglich? Ja, denn eine audiovisuelle Darstellung von Informationen ist effektiver als die rein visuelle. Dieser sogenannte Modalitäts-Effekt ist im Gegensatz zum Lerntypenmodell wissenschaftlich belegt. Weil bei diesem Lernen mehrere Sinne angesprochen werden, ist es für das Gehirn leichter, die Informationen zu verstehen, als nur durch Bilder oder geschriebene Texte.

Kein Kind ist also ein spezieller Lerntyp, vielmehr profitiert es von einer breiten Auswahlmöglichkeit an Lernstrategien, die unterschiedliche Sinne ansprechen. Ihr Kind mag zwar Präferenzen haben, es bevorzugt Lernvideos vielleicht vor langen Texten, doch grundsätzlich sollte es, wenn möglich, mit beidem lernen. Das macht die Konzentrationsphasen, in denen es sich nur auf den Lernstoff konzentriert, abwechslungsreich und produktiv. Der Mensch lernt sein Leben lang und sollte sich nicht nur auf einen Weg der Informationsvermittlung verlassen.

Die genialsten Lerntechniken für jedes Schulfach

Ihnen wurden bereits sehr viele Konzentrationsübungen und -spiele vorgestellt, welche die Konzentrationsfähigkeit Ihres Kindes verbessern können. Es wird durch sie allgemein fokussierter, ausgeglichener und motivierter. Trotzdem hat Ihr Kind sicher ein Fach oder mehrere Fächer, mit denen es sich schwertut, oder welche, in denen es noch besser sein könnte. Im Folgenden werden Ihnen mehrere Lerntechniken vorgestellt, die sich für spezifische Fächer besonders gut eignen. Lerntechniken lassen sich schnell umsetzen und helfen Schülern dabei, sich den Lernstoff besser zu merken und ihn anzuwenden. Ob Deutsch, Naturwissenschaften oder Fremdsprachen, so mancher Kniff sorgt im Handumdrehen dafür, dass das Kind die Inhalte besser versteht. Dadurch schwindet die Gefahr, dass es Lernfrust bekommt und irgendwann aufgibt. Manche Lerntechniken können sogar richtig Spaß machen, wodurch sich die Konzentration noch verbessert.

Bevor es mit den einzelnen Techniken losgeht, noch ein Tipp zur Vorbereitung: Sorgen Sie dafür, dass der Lernstoff Ihres Kindes strukturiert ist. Einfach drauflos zu lernen ist selten wirksam, denn dann kommt das Kind schnell durcheinander oder vergisst etwas. Am besten wird vor dem Lernen ein Lernplan erstellt, wobei das Material in kleine Abschnitte gegliedert und überschaubar gemacht wird. Strukturiert und entspannt können die Einheiten dann abgearbeitet werden – das nimmt Druck und ermöglicht es, dass Ihr Kind seinen Fortschritt immer vor Augen hat.

Deutsch

Im Fach Deutsch werden Lesen, Schreiben und das Sprachverständnis geschult. Bei Rechtschreib- und Grammatikregeln sind die klassischen Eselsbrücken hilfreich. Merksätze prägen sich leicht ins Gedächtnis und erinnern das Kind immer wieder an wichtige Regeln. Etwas wie „Wer nämlich mit "h" schreibt ist dämlich" oder „Das "s" bei "das" muss einfach bleiben, kannst du dafür "dieses", "jenes" oder "welches" schreiben:" lässt sich gut merken, besonders, wenn in der Eselsbrücke ein Reim vorkommt. Noch effektiver sind Eselsbrücken, wenn man sie sich selbst ausdenkt. Je skurriler und witziger, desto besser.

Für das Textverständnis empfiehlt sich das Lesen mit den Lippen. Das heißt, dass das Kind während des Lesens die Lippen mitbewegt, ohne laut zu lesen. Es versteht den Inhalt dann besser oder kann das Geschriebene besser auf Fehler untersuchen, weil durch die Lippenbewegungen jedes einzelne Wort bewusster gelesen wird und das Kind automatisch konzentrierter ist.

Schließlich ist noch das aktive Lesen eine wichtige Lerntechnik, die den Deutschunterricht erleichtert. Wenn das Kind einen Text wirklich verstehen muss, sollte es mit einem Stift wichtige Schlüsselwörter unterstreichen, essenzielle Stellen einkreisen oder unklare Stellen mit Fragezeichen kennzeichnen, damit es später Worte nachschlagen oder in der nächsten

Unterrichtsstunde etwas nachfragen kann. Bestenfalls überlegt es sich auch noch für jeden größeren Textabsatz eine Überschrift und fasst den Absatz dann stichhaltig zusammen, um sicherzugehen, dass es die Zusammenhänge auch wirklich versteht.

Fremdsprachen

Ab einem gewissen Alter spielen Fremdsprachen in der Schule eine immer größere Rolle. Während im Unterricht vor allem auf die Grammatik der Sprache geachtet wird, müssen die Kinder zu Hause eine Menge Vokabeln lernen. Kinder, die Spaß am Lernen einer Fremdsprache haben, werden das Auswendiglernen als spannende Herausforderung sehen. Aber nicht jedem fällt diese Aufgabe leicht. Um Ihrem Kind beim Vokabeln Lernen zu helfen, können Sie auf die klassischen Karteikarten zurückgreifen. Um diese etwas reizvoller zu gestalten, gibt es viele Möglichkeiten.

Wie wäre es z.B. mit einem Vokabelpuzzle? Dafür benötigen Sie ein Puzzle mit Rahmen, das entweder selbst gestaltet oder umfunktioniert werden kann. Auf die Rückseite der Puzzleteile kommt eine Vokabel, auf die zum Teil gehörige Position im Rahmen des Puzzles kommt die Übersetzung. Mischen Sie beim Beschriften ruhig deutsche Begriffe und jene der Fremdsprache – mal das deutsche Wort auf den Rahmen, mal auf das Puzzleteil. Das Kind muss so quasi in beide Richtungen denken und muss noch konzentrierter sein. Ob die Vokabeln wirklich richtig zugeordnet wurden, zeigt das am Ende entstandene Bild. Das Puzzle kann mehrmals vervollständigt werden, dadurch werden die Vokabeln immer wieder aufgefrischt.

Eine andere Variante wäre das Vokabelmemory. Hierfür

brauchen Sie viele kleine Kärtchen, die gleich aussehen. Auf diese werden die verschiedenen Vokabeln geschrieben – Englisch, Latein, Französisch oder eben die Fremdsprache, die Ihr Kind lernen muss. Auch die Übersetzungen der Worte werden einzeln auf die Karten geschrieben. Ein Wort und seine Übersetzung bilden jeweils ein Paar. Mit der Beschriftung nach unten werden die Karten nun ausgebreitet. Wie bei einem normalen Memoryspiel muss das Kind die Paare finden. Dafür muss es natürlich genau wissen, welches Fremdwort welche Übersetzung hat. Mit der Zeit kann das Kind sein Memory immer mehr erweitern, indem es regelmäßig neue Vokabeln hinzufügt. Vokabeln, die es bereits sehr gut kann, kann es dann aussortieren. Neben der Sicherheit in Sachen Fremdwörtern wird beim Vokabelmemory auch das Kurzzeitgedächtnis der Kleinen auf die Probe gestellt.

Ihr Kind kann sich Begriffe besser merken, wenn es mit ihnen Bilder verbindet. Beim Erinnern helfen örtliche Anknüpfungspunkte, die eben solche passenden Bilder im Kopf bilden können. Schlagen Sie Ihrem Kind doch mal vor, besonders schwierige Vokabeln auf Klebezettel zu schreiben und diese dann an passenden Orten Zuhause zu platzieren. Begriffe wie „Stuhl" oder „Kühlschrank" finden leicht einen Platz, für andere Begrifflichkeiten wie „Auto" ist etwas Kreativität gefordert; vielleicht reicht hier ein Spielzeugauto. Verben wie „öffnen" können an Schubladen geklebt werden, „kippen" an ein Fenster etc. Ihr Kind kann dann einen kleinen Vokabelspaziergang durchs eigene Heim machen und sich die Vokabeln samt Bild einprägen. Nach etwa einer Woche sollten die Klebezettel erneuert bzw. ausgetauscht werden, denn irgendwann ist ihr Anblick so gewohnt, dass die Worte nicht mehr wirklich wahrgenommen werden. Neue Vokabeln finden dann ihren Platz im Zuhause. Ihr Kind ist dank dieser Methode nicht an den Schreibtisch gefesselt und lernt gleichzeitig wichtige Vokabeln auswendig.

Fremdsprachen lernt man am besten, indem man sie sehr oft hört und selbst spricht. Nur dadurch entwickelt sich das richtige Gespür für die Sprache, der richtige Klang bei der Aussprache. Einzelne Vokabeln, ganze Sätze oder sogar Texte können mit einem MP3-Player mit Aufnahmefunktion oder mit einem Handy diktiert und immer wieder angehört werden. Wenn Sie Ihrem Kind diese Möglichkeit bieten, wird es durchs Sprechen und Anhören Fehler in der eigenen Aussprache erkennen und erfolgreich lernen.

Mathematik

Für viele ist es ein absolutes Hassfach, andere scheinen von klein auf Genies der Mathematik zu sein. Der Grund, wieso viele Schüler keine Motivation für Matheaufgaben aufbringen können, ist häufig, dass sie keinerlei Alltagsrelevanz in ihnen finden können. Sie fragen sich dann „Wieso soll ich das überhaupt lernen?“ Deshalb ist es wichtig, das Wissen immer wieder im Alltag anzuwenden und zu üben. Zeigen Sie Ihren Kindern auf, dass Mathematik in vielen Alltagssituationen versteckt ist. Beim Backen oder Einkaufen beispielsweise muss ständig gerechnet werden. Wenn das Kind gerade Prozentrechnung lernt, lassen Sie es in einem Geschäft die Ersparnis eines Angebots ausrechnen. Dadurch wird Mathe viel greifbarer und relevanter. Erwachsene können rechnen, weil sie es brauchen, so, wie auch Kinder es später einmal dringend brauchen werden. Eine frühe Angst vor Zahlen und komplizierten Rechnungen wird somit entgegengewirkt. Gleichzeitig ist das Vorführen der Relevanz von Mathe im Alltag auch eine super Übung, mit der die Kinder testen können, ob sie das Schulmaterial verstanden haben.

Die typischen Lernmuster können auch mit Hilfe von Bewegungsübungen durchbrochen werden. Verbinden Sie Mathe und Bewegung, indem Sie eine Sporteinheit der etwas anderen Art vorschlagen: Nun machen wir 2x3 Hampelmänner, dann 4+6 Kniebeugen, wir drehen uns 11-3-mal im Kreis und hüpfen 16:2-mal auf einem Bein. Das Kind muss erst einmal überlegen, bevor es die richtige Anzahl an Übungen macht. Auch beim Treppensteigen kann Mathe geübt werden, indem währenddessen Einmaleinsreihen aufgesagt werden. Lerninhalte aus der Mathematik festigen sich so ganz nebenbei.

Um Kindern Motivation für Mathe zu geben, eignen sich auch Mathespiele. Es gibt viele spannende Apps und Webseiten, auf denen Lerninhalte spielerisch vermittelt werden. Oft wird das Material mit Geschichten verbunden, wodurch die Kinder emotional angesprochen werden und Mathe nicht mehr als trockenes Fach wahrnehmen. Nachhaltig begeistern sie sich für das Lösen von anspruchsvollen Aufgaben und bekommen gar nicht mehr genug davon. Die digitale Welt bietet viele attraktive Lernmöglichkeiten für Kinder, mit denen sie wunderbar zurechtkommen, weil sie mit digitalen Medien aufwachsen.

Physik & Chemie

Der Missmut gegenüber Mathematik überträgt sich leider oft auf andere naturwissenschaftliche Fächer wie Physik und Chemie. Bei diesen ist es aber noch leichter, Begeisterung und Faszination für die Lerninhalte zu wecken. Grund dafür sind die zahlreichen Phänomene der beiden Fachgebiete, die uns überall umgeben. Machen Sie Physik und Chemie für Ihr Kind interessant, indem Sie es mit zu Erlebnisausstellungen nehmen oder ihnen Videos von spannenden Experimenten zeigen. Manche kleinen, harmlosen und doch faszinierenden Experimente lassen sich sogar zu Hause durchführen.

Nicht nur die Kinder, sondern auch sich selbst können Sie mit einem Wissensquiz auf die Probe stellen. Wenn die ganze Familie mitmacht, wird so ein Quiz sehr lustig und gleichzeitig informativ. Nehmen Sie sich dazu einfach ein paar Schulunterlagen Ihres Kindes zur Hand und fertigen Sie Karteikarten mit Fragen und Antworten an. Die Karten werden gemischt und nacheinander gezogen. Wer am Ende die meisten Fragen richtig beantwortet hat, hat gewonnen. Am Ende sind nicht nur alle Beteiligten etwas schlauer, die Kleinen bauen zudem sehr viel Selbstvertrauen auf, wenn sie etwas wissen, was die älteren Geschwister oder die Eltern nicht wissen. Lassen Sie sie die Inhalte ausführlich erklären und ermutigen Sie die Kinder dazu Dinge zu erläutern, die den anderen Mitspielern noch nicht ganz klar sind.

Und, wie bei allen Fächern gilt: Lassen Sie das Kind digital lernen! Auch für Physik und Chemie gibt es zahlreiche interaktive Kinderwebseiten, Apps und Online-Lernplattformen, auf denen es nicht nur wichtige Inhalte und Übungen gibt, sondern oft auch hilfreiche Tipps fürs Lernen. Trockene Schulthemen werden im Internet vielerorts durch Animationen und Aufgaben lebendig aufbereitet, sodass sich das Wissen wie von selbst in den Kinderköpfen festigt.

Geografie, Geschichte, Wirtschaft & Biologie

In den Fächern Geografie, Geschichte, Wirtschaft und Biologie ist es oft wichtig, sich Daten, Fakten und Begriffe einzuprägen. Hilfreich sind dabei einfache und doch effektive Mindmaps. Durch diese Lerntechnik können die Schüler Informationen leicht strukturieren und Zusammenhänge bildlich verdeutlichen. Das geht ganz leicht: Auf einem leeren Blatt schreibt das Kind einen Oberbegriff in die Mitte, z.B. „Ägypten", „Baum" oder „Piraten". Rund um das Wort werden nun wichtige Informationen niedergeschrieben, die mit dem Oberbegriff zu tun haben. Über Äste werden die Infos mit dem Begriff verbunden, über weitere kleinere Äste werden den Informationen neue Begriffe zugeordnet, sodass ein richtiges Geflecht entsteht. Die Mindmap-Methode ist auch eine tolle Möglichkeit, Gedanken und Ideen festzuhalten. Nach und nach kann das Kind immer mehr Ideen zu einem Begriff hinzufügen und hat am Ende eine gute Übersicht über die eigenen Gedanken.

Für eine ähnliche Methode werden ebenfalls Stift und Papier benötigt. Bei der sogenannten ABC-Liste werden auf einem Papier untereinander alle Buchstaben des Alphabets geschrieben. Danach soll sich das Kind zu jedem Buchstaben einen Begriff überlegen, der den gleichen Anfangsbuchstaben hat. Die Begriffe sollen natürlich mit dem aktuellen Lernthema zu tun haben. Dieses Thema wird somit aktiv durchdacht. Am besten schreibt das Kind neben den Buchstaben nicht nur den geeigneten Begriff, sondern auch eine kurze Definition dessen.

Kinder, die sich bereits mit etwas komplexeren Texten beschäftigen müssen, sollten sich mit der SQ3R-Methode vertraut machen. SQ3R steht für Survey, Question, Read, Recite, Review, also Überblick, Fragen, Lesen, Wiedergeben und Rückblick. Genauso sollen die Schüler vorgehen. Als Erstes verschaffen sie sich einen Überblick über den Text, sehen ihn sich also oberflächlich an und lesen alle Zwischenüberschriften. Das hilft bereits dabei, einen ersten Eindruck zu bekommen und sich auf den Text einzustellen. Als Nächstes werden drei Fragen aufgeschrieben, von denen die Schüler erwarten, dass sie am Textende beantwortet werden können. Ob diese Fragen tatsächlich beantwortet werden oder nicht, spielt keine Rolle. Es geht vorrangig darum, sich ganz auf den Text einzulassen. Jetzt wird der Text das erste Mal wirklich konzentriert durchgelesen. Dabei markieren die Schüler Schlüsselworte farbig (aktives Lesen!) und halten neue Fragen fest. Als Nächstes werden einzelne Textabschnitte zusammengefasst und am Ende werden die wichtigsten Erkenntnisse in eigenen Worten wiederholt. Dieser letzte Punkt ist unglaublich hilfreich, denn wenn der Inhalt in eigenen Formulierungen festgehalten wird, kann man ihn sich besser merken.

Besonders die Fächer Geschichte, Geografie und Biologie bieten sich dazu an, das Wissen aus den Schulbüchern in anderen Medien bzw. in der realen Welt zu suchen. Fakten und Daten auswendig zu lernen ist eine Sache, viel wichtiger sind öfter die

Zusammenhänge von Ereignissen und Begebenheiten. Suchen Sie zu einem Thema auf YouTube oder anderen Plattformen nach Dokumentationen, die diese Zusammenhänge spannend vermitteln. Auch Ausstellungen oder Zoobesuche vermitteln Schulthemen anschaulich und führen zu Aha-Effekten bei den Kindern. Die Erinnerungen an einen Ausflug oder ein Erlebnis werden mit dem Gelernten verknüpft und nachhaltig abgespeichert.

Die hier vorgestellten Lerntechniken lassen sich in den meisten Fällen universell einsetzen, helfen also fächerübergreifend. Mindmaps können auch beim Auswendiglernen von Vokabeln helfen, mit Puzzeln und Memorys können auch Matheaufgaben geübt werden. Ein Wissensquiz kann für so ziemlich jedes Fach erstellt werden. Gestalten Sie den Lernprozess für Ihr Kind so abwechslungsreich wie möglich und halten Sie nach neuen Methoden Ausschau, die ihm dabei helfen, den Stoff besser zu verstehen.

Nachwort

Dieses Buch hat Ihnen hoffentlich viel Wissen über die Konzentrationsfähigkeit Ihres Kindes vermittelt. Sie haben gelernt, wie Konzentration entsteht und durch welche Faktoren sie beeinflusst wird – bewusst oder unbewusst. Ihnen wurden viele Übungen und Aufgaben an die Hand gegeben, mit Hilfe derer Sie die Konzentrationsleistung und die allgemeine mentale Gesundheit des Kindes fördern können. Es würde mich freuen, wenn Sie einige dieser Praktiken tatsächlich in den Alltag des Kindes integrieren und so garantieren, dass es kontinuierlich seine Konzentrationsfähigkeit verbessert. Gleichzeitig beweisen Sie ihm damit, dass Sie sich für seine Zukunft einsetzen und nur das Beste für es wollen.

Kinder sind etwas Wundervolles und verdienen es, dass wir Zeit in sie investieren. Ein Kind, dass sich lange und gut auf eine Aufgabe konzentrieren kann, mit den Hausaufgaben klarkommt und gleichzeitig noch genug Zeit und Energie für Freunde und Hobbies hat, besitzt die perfekten Voraussetzungen dafür, körperlich und geistig gesund zu wachsen.

Noch eine Sache zum Schluss: Die erklärten Übungen und Tipps sind kein Sofortmittel gegen Konzentrationsschwächen oder Unruhe Ihres Kindes. Viele Mittel entfalten ihre Wirkung erst nach einem gewissen Zeitraum, bis dahin kann es vorkommen, dass das Kind immer wieder Durchhänger hat oder frustriert ist. Üben Sie sich in Geduld! Jedes Kind ist individuell und spricht auf manches mehr, auf manches weniger an. Verlieren Sie nicht die Motivation und werden Sie auf keinen Fall wütend, wenn das Kind mit schlechten Noten nach Hause kommt. Dadurch wird nur noch mehr Druck und negativer Stress aufgebaut, wodurch die Konzentrationsleistung des Kindes schwindet. Zeigen Sie ihm stattdessen, dass es nicht aufgeben darf und nach einer kurzen Erholungspause schon bald Topleistungen erbringen kann.

Autor: Clarissa Schlick

Verleger: David Netsch

Impressum

Angaben gemäß §5 TMG

David Netsch

Georg-Reismüllerstraße 31

80999 München

Telefon: +4917680201821

E-Mail: netschdavid@gmail.com

Printed in Poland
by Amazon Fulfillment
Poland Sp. z o.o., Wrocław

30229101R00081